株式会社の設立と運営が1冊でわかる本

「最小予算」で
「確実」につくるための
株式会社
手続き書式集
超リアル

↓

Download

特定行政書士 **横須賀輝尚**　司法書士 **佐藤良基**●著

JN054898

技術評論社

はじめに

　本書は、これから「株式会社」を設立しようと考えている人に向けて、予備知識や専門知識がなくても、簡単に設立手続きを完了できるようにつくられた解説書です。どのような人でも、スムーズな設立手続きができるように、できるだけ専門用語を省き、わかりやすく説明しています。

　本書の特徴は大きく2つあります。

　1つは、これまで会社設立や起業にかかわるサポートなどを専門的に行ってきた2名の専門家によって記されたものであること。もう1つは、単に手続きだけの解説にとどまらず、設立前後に浮かぶ疑問点の解消や設立後の運営などについても記載しており、この1冊で「株式会社」の設立と運営ができるように構成してあることです。

　2名の会社設立・起業支援の専門家が、合計1,000社以上を支援してきた経験とノウハウを集大成しました。

　「株式会社」設立・運営のための書式をデータでダウンロードすることもできます。そのデータを使えば、今日にも設立手続きをはじめることが可能です。

　本書は、最も手軽に、最も確実に、そして最もお金をかけずに設立手続きを進められることを目標につくられました。

　本書が、これから「株式会社」の設立を考えているあなたのお役に立てれば幸いです。

令和6年1月吉日

横須賀 輝尚　　佐藤 良基

「株式会社 手続き書式集」の
ダウンロード方法

本書をご購入いただいた方の特典として、「株式会社 手続き書式集」のダウンロードサービスをご用意しました。

株式会社の設立手続きでは、公証役場や法務局をはじめとして各種の行政機関に提出しなければならない書類が数多く存在します。「株式会社 手続き書式集」をひな型としてお使いいただき、固有名詞や数字の部分など必要な箇所の書き換えを行っていただければ、ミスなく、無駄なく書類を作成できるはずです。

 **「株式会社 手続き書式集」は
技術評論社のサイトでダウンロードできます**

　ブラウザのアドレスバーに以下のURLを入力するかQRコードを読み取って、表示されたページで「本書のサポートページ」をクリックしてください。合計25の書式をダウンロードできます。

https://gihyo.jp/book/2024/978-4-297-13953-7

 IDとパスワードの入力が必要です

　ダウンロードにはIDとパスワードの入力が必要です。IDとパスワードは以下のとおりです。

ID　　　　：kabushiki
パスワード：YS282

 **「株式会社 手続き書式集」は
Microsoft Word、Microsoft Excelで作成しています**

「株式会社 手続き書式集」は、Microsoft Word、Microsoft Excelを使って作成しています。ファイルの拡張子は「docx」「xlsx」です。Microsoft Word、Microsoft Excel以外の文書作成ソフトでの動作は保証いたしません。

ダウンロードできる「株式会社 手続き書式集」一覧

ファイル名	記載ページ
第4章	
定款	96 〜 101ページ
定款別表	103ページ
第5章	
払込証明書	121ページ
財産引継書	125ページ
第6章	
株式会社設立登記申請書	129ページ
発起人決定書	131ページ
就任承諾書	132 〜 133ページ
資本金の額の計上に関する証明書	136ページ
調査報告書	137ページ
登記すべき事項	140 〜 141ページ
Part2-2	
臨時株主総会議事録	213ページ
証明書	214ページ
臨時株主総会議事録	217ページ
臨時株主総会議事録	219ページ
募集株式の引受け申込書	220ページ
資本金の額の計上に関する証明書	221ページ
臨時株主総会議事録	223ページ
就任承諾書	224ページ
辞任届	225ページ
取締役決定書	227ページ
臨時株主総会議事録	228ページ
株式会社変更登記申請書	231ページ
臨時株主総会議事録	234ページ
臨時株主総会議事録	235ページ
清算事務決算報告書	236ページ

Part1
株式会社を設立する

第1章 株式会社を設立する前に必要な基礎知識

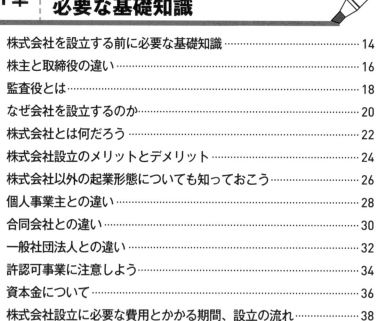

第4章 定款を作成して認証を受ける

第5章 資本金の証明を作成する

第6章 法務局に登記申請をしよう

第7章 登記が完了したら 各種届出をしよう

Part2
株式会社を運営する

Part2-1 株式会社のことを、さらに知るための質問集

Part2-2　株式会社の変更登記

Part1
株式会社を設立する

「株式会社を設立したいけど何から手を付けていいかわからない……」
という人は多いです。本書はそのような方のために10年以上会社設立の
手続きに携わってきた司法書士・行政書士が執筆した書籍です。
会社を設立したいといった相談を受ける中でさまざまな問題点や不安な
点が浮き彫りになりますが、そのほとんどが共通しています。
その共通点をあらかじめ抽出しておくことで、未然に防げることは数多
くあります。まずは、Part1を読むことで、どのように会社設立手続き
を進めていったらいいか、つくりたい会社像を思い浮かべながら読み進
めてください。

第1章
株式会社を
設立する前に必要な
基礎知識

01 株式会社を設立する前に必要な基礎知識

「独立起業する」あるいは「新しくビジネスをはじめたい」というときに真っ先に思い付くのが、「会社を設立する」ということでしょう。そこで、ちょっとだけ考えてみてください。会社とは、いったい何でしょうか?

01 会社は「法人」であり、1つの人格者である

　ひとりで小規模なビジネスをはじめたり、出資を募って複数名で大きくはじめたりと、ビジネスの出発点は多種多様ですが、いずれにおいても会社の設立そのものを先行してしまい、会社という組織がどのようなもので、どのような存在意義があり、どのようなメリットやデメリットがあるのかなどは、意外と軽視されがちです。会社を設立するうえで得られるメリットや、逆に会社を設立することで負うリスクについてはあらかじめ理解しておきたいものです。

　会社を設立する前に押さえておきたい最初のポイントは、会社は「法人」であるということです。法律によって人と同じ権利能力を与えられた団体のことを法人と呼びます。法人は通常の人間（法律上は自然人と呼びます）と同じく、ビジネスにおいて契約ができる権利などを与えられています。

　最初はすべてひとりで完結できても、仕事の規模が大きくなれば、従業員を雇うことになるでしょう。会社が法人でなければ、大事な商談や契約を結ぶ際に、いちいち会社の代表が出て行かなければなりません。これでは大変ですから、法人である会社が契約を結ぶことで、必要な書類さえあれば、従業員でも契約を結ぶことができるのです。これが法人である会社というものを理解するための1つのポイントです。個人事業主として限界を感じたときに、法人化を検討するきっかけの1つにもなります。

02　株式会社は営利目的の組織

　もう1つ大切なポイントがあります。辞書によれば、会社とは「営利を目的とする社団法人で、会社法による株式会社、合名会社、合資会社、合同会社の総称」（三省堂『大辞林　第三版』）と記載されています。大切なのは、「営利を目的とする」という点です。

　法人と名の付くものは、実にさまざまです。先ほどの株式会社、合名会社、合資会社、合同会社だけではなく、NPO法人や宗教法人、学校法人などがあります。その法人の中でも、会社だけは「営利を目的とした法人」なのです。

　つまり会社とは、法人格を認められた営利を目的とする法人ということになります。ですから株式会社を設立するということは、営利を目的とした法人を設立し、その法人を通じてビジネスを展開することになります。

　会社を設立しようと考えたとき、設立そのものが最重要事項になってしまいがちです。「なぜ会社を設立するのか」という点については後述しますが、みなさんはこれから実際に株式会社を設立しようとしているわけですから、最初に会社というものがいったいどのような組織であるのか、しっかりと考えておく必要があるのです。

　特に株主と役員の関係など、わかっているようで意外と誤解されている点も非常に多いので、そういった点を踏まえて、会社についての理解、株式会社についての理解を深めてください。

　会社とは営利を目的とした法人組織であり、株式会社を設立するということは、法人を通じてビジネスをはじめる、そのための第一歩を踏み出すことなのです。

point

☑ 手続きよりも、株式会社の仕組みを理解するほうが大事
☑ 株式会社を設立するのは、基本的には営利が目的

02 株主と取締役の違い

株式会社を設立する場合、資本金の出資が必要になります。この株式会社に出資するひとのことを「株主」と呼びます。また、株式会社を経営する役員、つまり取締役が必要になります。ここでは、株式会社の要素となる株主と取締役の違いについて見ていきましょう。

01　株主とは

「株主」とは、会社に資本金を出資するひとのことをいいます。上場企業の株式を1単元（100株）だけ保有していても、株主であることに変わりはありません。いわゆる会社のオーナーにあたります。株主になることで会社に対してさまざまな権利を持つことが可能になります。ここで得られる権利は大きく分けると「自益権」と「共益権」の2つになります。

　自益権とは、株主が出資した会社から経済的な利益を受ける権利のことをいいます。代表的なものは配当金が該当します。証券取引所に上場している企業の株を取引したことがあるひとならば、イメージを掴みやすいのではないでしょうか。年に一度か二度（中間配当の制度を定めている企業は二度）、株を保有していると受け取ることができる配当金のことです。また、会社を清算した場合に財産が残っていれば受け取れる権利のことを「残余財産分配請求権」といい、自益権の代表的な権利の1つとなります。

　共益権とは、株主が出資した会社の経営に関与する権利のことをいいます。代表的なものは議決権です。議決権とは、株主総会に出席して議案に対して賛成もしくは反対の意思を表明する権利のことをいいます。自益権は株主個人の利益に関するものだから「自益権」、共益権は株主全体の利益に関するものだから「共益権」といえば、わかりやすいかもしれません。

　自分が株主であることを証明するために、以前は株券を発行する必

要がありましたが、現在は株券の発行については原則不発行となっています。

02　取締役とは

「取締役」とは、株式会社の業務を執行する役員のことをいいます。会社の業務執行や経営について意思決定をする権利を持っています。取締役は、株式会社とは委任契約を締結することになり、いわゆる正社員の雇用契約とは法律的に異なります。

　本来、株式会社はオーナーである株主が経営をすればいいような気もしますが、株主の数が多数におよぶ場合、また株主に経営の能力が不足している場合、意見がまとまらず経営は機能不全になってしまう可能性が高いです。それを避けるために、会社の経営に関しては「各取締役に委任したほうが効率的ではないか」ということで、株主総会では取締役を選任し、その選任された取締役に会社を代表して経営の意思決定を行ってもらおうということになります。

　取締役は、平成18年（2006年）の会社法改正までは最低でも3名必要でしたが、現在は最低1名いれば株式会社を設立することができます。取締役が複数の場合は、その中から取締役を代表する者について代表取締役を決めることができます。代表取締役は1名にすることが多いですが、2名以上もしくは取締役全員を代表取締役とすることも法律上は可能です。

　ただし、代表取締役が複数の場合、取引上、どの代表取締役がどの権限を持っているかなど、不明確な場合もあるので注意が必要です。代表取締役として登記はされていても、社長職ではなく会長職で実質名誉職ということも少なくありません。

point
- ☑ 株式会社に出資するひとを株主という
- ☑ 会社の重要な意思決定のために株主が選任するのが取締役

03 監査役とは

会社法が改正されるまでは株式会社に必須の機関だった「監査役」。現在では必ず設置する必要のない役員ではありますが、将来を見据えて必要な場合もあります。取締役と違い、馴染みの薄い役職ではありますが、監査役とはいったいどのような役職なのでしょうか。

01　監査役とはどのような役職?

「監査役」とは、取締役などの業務を監査する役員のことをいいます。会社経営において業務や会計上の不正などをチェックする役職にあたります。取締役同様、契約の形態は雇用契約ではなく委任契約に該当します。

　以前は最低1名必要でしたが、現在は任意の機関となっています。そのため、現在は監査役を置かない株式会社のほうが多くなっています。設立時から監査役を設置する株式会社は多くありません。

　しかし、将来的には会社を大きくしたい、上場したい、役員を増やしたいなど、規模を大きくしていく場合には、監査役は必須の機関になりますので、株式会社を設立する段階から知識として押さえる必要があります。監査役を置くことで、取引先や金融機関から一目置かれる可能性はあります。将来を見据えた役員構成のためには、監査役を軽視することはできません。

　取締役会（取締役が最低3名必要）を設置する株式会社にする場合、監査役は原則として最低1名が必要になります。ちなみに、業務監査権限を付与せず、会計監査に限定する監査役を置くことも可能です。

02　取締役と監査役の関係性

　取締役と監査役の比較ですが、まずは共通点としてどちらも役員です。「会社役員」という表現を使用する場合、取締役も監査役も該当します。また、会社との委任契約という点も取締役と監査役は同じ扱い

になります。役員報酬は取締役も監査役もそれぞれ株主総会の決議で決定がなされます。ただし、取締役と監査役の報酬を合算して決議することはできません。取締役と監査役の報酬は必ず分けて決める必要がありますので、注意してください。

取締役との違いは前述のとおり監査役は任意の機関です。監視役という役割なので当然ではありますが、同じ会社の取締役と兼務することはできません。また、取締役も監査役も任期を定款に定める必要があり、取締役は原則2年、監査役は原則4年です。ただし、非公開会社（定款で株式の譲渡制限を定めている会社）の場合、取締役、監査役共に10年まで任期を延ばせます。なお、監査役になる場合、子会社の取締役などを兼任することはできませんので注意してください。なぜならば、監査する側と監査される側が同一人物になってしまうと、監査役としての役割が期待できなくなってしまうからです。

逆に、親会社の取締役が子会社の監査役を兼任することは可能です。子会社を設立する際などは役員構成にも注意しましょう。

取締役と監査役の比較

	取締役	監査役
役員	該当	該当
会社との契約	委任契約	委任契約
選任機関	株主総会	株主総会
報酬決定機関	株主総会	株主総会
設置義務	義務	任意
任期	2年-10年	4年-10年

point

☑ 監査役は会社や取締役の監視役
☑ 取締役と違い、任意の機関

04 なぜ会社を設立するのか

会社設立手続きや起業の相談者の中には、会社設立にきちんとした理由がない人もいますが、会社設立には必ず理由が必要なのです。安易に会社を設立すると、軌道に乗っていたビジネスそのものがダメになるケースも少なくありません。

01 会社を設立するタイミング

　会社を設立するタイミングは、次のようなときです。会社設立時期の目安になりますので、「どのタイミングで会社を設立すればいいのか悩んでいる、決められない」という方は参考にしてください。

ビジネスが伸び、節税の必要が出たとき

　個人事業主ではじめたビジネスが軌道に乗り、ある程度の利益が出てきたときが、設立のタイミングとなります。このような設立を一般的には「法人成り」と呼びます。業種や経営状況、その時代の税制にもよりますが、一般的に1,000万円以上の利益を出せるようでしたら、会社を設立することで節税になるといわれています。

　確定申告の時期に税理士へ相談するのがいいでしょう。青色申告会などでは、税理士の無料相談を実施しているところもあるので、積極的に利用しましょう。

共同で出資してビジネスを行うとき

　共同で出資してビジネスをする場合、個人事業主でもできなくはないのですが、株式会社ならば出資した金額が明確になります。単に個人同士で契約を結んでビジネスを進めてもいいのですが、ビジネスを失敗しないためにも、株式会社を設立してお互いの出資比率を明確にしておくことは必要かもしれません。

02 会社を設立しなければならないときは

さて、これまで説明してきた会社を設立するタイミング以外に、法人をつくる必要があるケースもあります。それは大きく分けて、次の2つの場合です。

営業許可の要件に「法人であること」とある場合

1つは法的に設立しなければならないときです。例えば営業許可が必要な業種で、その許可要件に法人であることが求められている場合です。このような事業を行う場合には、法人である会社を必ず設立しなければなりません。この場合、株式会社を選択することが多いでしょう。

取引先との関係上、法人である必要がある場合

また、ビジネス上、設立しなければならないケースもあります。多くは取引先との関係です。法人であることが取引条件となる場合は非常に多いものです。企業によっては、法人の口座でないと代金を振り込まないという場合もあるようです。

このように、会社（法人）を設立するタイミングと、設立しなければならないケースがあります。これらの点をしっかりと見極めてから、設立準備に取りかかりましょう。

会社（法人）を設立するケース

設立に最適な場合	必須の場合
個人事業主の売上が伸び、節税の必要	許認可事業を行う
共同で出資してビジネスをする	取引先からの要望

point

- ☑ 設立のタイミングを知ることも大事
- ☑ 設立しなければビジネスが成立しないケースもある

05 株式会社とは何だろう

営利目的のために設立された法人である会社には、「株式会社」「合同会社」「合資会社」「合名会社」といくつかの種類があります。ただし、本書は「株式会社」設立のための本です。ここでは、株式会社についてより詳しく解説していきましょう。

01 誤解されている株主と役員の関係

　多くのひとに理解されにくいのが、「株主と取締役の関係」です。

　みなさんの中にも上場企業の株式を保有されているひとは多いと思いますが、「株主」とは「株式会社にお金を出す（出資する）ひと」のことをいいます。

　そして「取締役（代表取締役を含む）」とは、株主から経営を任された人たちのことをいうのです。

　この基本的なことを理解していないがために、混乱することが多いのです。なぜならば、小規模の会社は、株主も取締役も同じであることが多いからです。

　みなさんの中に、自分で出資して、自分が代表取締役となって株式会社を設立しようとしているひともいるかと思いますが、原則として株主は出資するひと、取締役はその株主に経営を任されたひとになります。

　「株式会社は有限責任だから安心」と解説している本もたくさんありますが、安心なのは株主の地位だけなのです。

　株主は出資した金額しか責任を負わなくていいとされる「有限責任」です。一方、取締役は、経営の責任を負います。ひとり出資、ひとり取締役の会社は、株主としての責任は出資額だけなので安心かもしれませんが、取締役としての責任は重大です。この点を混同しがちなので注意してください。

02 株式会社の仕組みをさらっと理解しよう

　株式会社の構造を簡単に解説します。まずは、全株主（例外：完全無議決権株式＝議決権がない株式）によって構成される「株主総会」があります。

　株主総会は、株式会社の最高意思決定機関であり、会社についての「重要」事項は基本的には株主総会で決定されます。取締役の選任も株主総会で行われます。選任された取締役は、「取締役会」で会社の業務執行について決議し、経営責任を負うことになります。一部、取締役会で決議できることでも、株主総会で決議できることもあります。

　この基本的な構造は、ひとり出資、ひとり取締役の会社でも変わりません。これから株式会社を設立しようと考えているならば、この構造を理解しておいてください。なお、前述しましたが、株式会社の役員には「監査役」と呼ばれるものがあります。監査役とは、会社の会計や取締役の業務執行について監査を実施し、株主の利益を保護する役割を持った役員のことをいいます。

　現在は、株式に譲渡制限を設けている会社の取締役会の設置が任意となり、取締役会を設置しない会社は、監査役の設置も任意になりました。そのため小規模の会社では、監査役を置かないケースが非常に多いです。この点も併せて覚えておくといいでしょう。

株式会社の構造の種類

機関設計	必ず置く機関
取締役会非設置	株主総会＋取締役
取締役会非設置＋監査役設置	株主総会＋取締役＋監査役
取締役会設置	株主総会＋取締役会＋監査役

point

☑ 株主と役員の関係をきちんと押さえる
☑ 株式会社の意思決定は「株主総会」で行われる

06 株式会社設立の メリットとデメリット

資本金数億円規模の大企業を設立するとなると、それ相応のルールも
知っておく必要はありますが、本書は比較的小規模の会社を設立するた
めのものですので、株式会社設立のメリットとデメリットを比較してい
きましょう。

01　株式会社にする3つのメリット

ビジネスの信用度が増す

　ビジネスをするうえで他社と取引する場合、やはり「信用」が重要
になります。ここでいう信用には2つの意味があり、1つは「資金調
達」に関する信用度です。

　銀行などの金融機関からお金を借りる場合、個人名義と会社名義で
借りる場合を比較すると、会社名義のほうが借りられる可能性も、借
りられる金額もやはり有利です。個人と法人では信用度合いが格段に
違います。

　もう1つの信用は、「イメージ的な信用度」です。個人でビジネスを
する場合に比べて、法人の場合は他社と取引するうえで相手の会社か
らの信用度も高くなります。つまり、個人事業主に比べて、ビジネス
上で他社との契約が結びやすいといえます。また、他社が契約を履行
してくれる可能性も高まります。加えて、正社員など従業員を採用す
るときに、株式会社のほうが個人事業主よりも信用があるので、比較
的採用しやすくなります。これは採用される側の立場になってみれば
わかるのではないでしょうか。

　この2つの点の信用を得られることが、株式会社にする場合の大き
なメリットになります。

有限責任である

　個人事業主でビジネスをすると、借金など債務の最終的な責任は個

人がすべて負うことになります。もしも倒産したときに、株式会社ならば、原則として出資した金額のみの責任しか負わない（有限責任）ので、無限に個人が責任を負うことはなく、その点ではリスクが低いといえます。

ただし、社長個人が借金の保証人になるなど、個人として保証した場合は、この限りではありません。あくまでも会社としての有限責任である点に注意しましょう。しかしながら、この点に関しては昨今批判が大きいため、社長の個人保証については見送る金融機関が増えてきています。コンプライアンスが重要視される時代ですから、この波は非常に大きいのではないでしょうか。

節税できる

株式会社を設立する大きなメリットは、「節税」になることです。個人事業主では、利益が出れば出るほど税率が上がってしまいます。他にも個人事業主では、経費性の判断など、節税面では非常に苦労します。これが法人になると、社長への給料が経費になるなど、さまざまな節税が可能になります。もちろん、脱税は違法になりますので、税理士に相談して経費計上については判断してください。

02 デメリットは「お金と労力がかかる」

株式会社の設立は、ビジネスにおいて非常にメリットが多いといえます。しかし、あえてデメリットを挙げるとすれば、設立する際に印紙代などの手数料が十数万円かかることや、運営に労力がかかることなどが挙げられます。したがって、あえて株式会社をつくらないという選択も「あり」です。

> **point**
> ☑ 信用度が増し、責任も有限というメリットがある
> ☑ 節税目的の設立の場合には、注意が必要

07 株式会社以外の起業形態についても知っておこう

ビジネスにおいて、株式会社は最もスタンダードな組織形態です。しかし、ビジネスをはじめるには株式会社でなければならないというわけではありません。参考までにビジネスで活用できる他の組織を説明しておきます。

01 株式会社以外の組織の特徴を知る

個人事業主

　起業というと、どうしても「会社を設立する」と考えてしまいますが、個人事業主は、はじめての起業や小規模ビジネスにはピッタリです。個人事業主は、「自営業者」や「フリーランス」などとも呼ばれます。税務署に手続きをするだけですぐにはじめられますので、一番簡単にビジネスをはじめる方法です。

　ただし、借金などのビジネス上のすべての責任は、原則として個人が負うことになりますので、その点は気を付けましょう。

合同会社（日本版LLC）

　「合同会社（日本版LLC）」は、平成18年（2006年）に施行された新会社法により導入された新しい組織の形態です。原則として出資者と経営者が一致していて、さらに有限責任であるにもかかわらず、組織の運営について柔軟に決められるのが特徴です。

　出資比率に関係なく利益を配分できるなど、内部自治が自由なのも1つの特徴です。

有限責任事業組合（日本版LLP）

　「有限責任事業組合（日本版LLP）」は、平成17年（2005年）に導入された制度です。この組織は「組合」であって、法人ではありません。合同会社と同じく出資した比率に関係なく利益配分ができるな

ど、自由度が高い組織です。株式会社や合同会社と比較するとそれほ
ど多く設立されているとはいえません。

　また、法人ではないので法人税が適用されず、構成員それぞれに課
税される構成員課税（パス・スルー課税）という方法を採用している
のが大きな特徴です。

合資会社・合名会社

「合資会社」は、無限責任社員と有限責任社員、各1名以上で構成さ
れる会社の形態です。資本金が少額で、手続きも比較的簡単といえま
す。ただし、無限責任社員は個人事業主と同じく、責任をどこまでも
負うことになりますので、その点に気を付けなければなりません。

　一方、「合名会社」は合資会社と同じく、設立・運営が簡単なのが特
徴です。合名会社は無限責任社員だけで構成されるので、責任も無限
責任になります。そのため、設立前には十分に検討してください。

　近年、合名会社、合資会社ともに設立されることはほとんどなくな
りましたが、老舗の会社にまだまだ多く存在しています。

NPO法人（特定非営利活動法人）

「NPO法人（特定非営利活動法人）」という法人もあります。NPO
法人というとボランティア団体と思われがちですが、収益を上げるこ
とも可能です。設立にはいくつかの制限はありますが、設立手続きに
手数料がかかりませんので、一考の余地があるといえます。

　ただし、設立時に頭数がたくさん必要だったり、許認可が必要だっ
たりなど、ハードルは高いです。

point

☑「起業＝株式会社設立」という先入観を捨てる
☑新制度を活用する方法もある

08 個人事業主との違い

日本でビジネスをする場合、必ずしも株式会社を例とした法人を設立する必要はありません。最初から会社をつくらなくても、個人事業主から事業をはじめることが可能です。株式会社と比較しながら、個人事業主とはどういうものなのかを見ていきましょう。

01 個人事業主とは

「個人事業主」とは、簡単にいえば「個人で事業を営んでいるひと」ということになります。例えば、株式会社にして法人化している場合は、個人事業主ではありません。

最近、フリーランスという名称もよく耳にするようになりましたが、個人事業主のことです。法人化していない税理士事務所や司法書士事務所などの士業事務所の代表も個人事業主の扱いになります。

個人事業主は、管轄の税務署に「開業届」を提出して事業を開始すれば個人事業主になることができます。以前は株式会社を設立する場合、資本金が最低1,000万円必要だったため、法人化のハードルがとても高く、個人事業主が選択されがちでした。ただ、現在は資本金の規制がないため、株式会社は設立しやすくなっています。

したがって、会社を設立しようと思えばいつでも設立できる条件が整っているのに「個人事業主のままでいる」場合は、取引先や金融機関からは「信用度が低い」と見られがちです。

「今後は法人としか取引しない」と取引先から一方的に通告され、「急いで法人化したい」という問い合わせが「個人事業主から専門家」に来ることも少なくありません。

それでも、「自分のペースで仕事がしたい」というひとには個人事業主は向いています。個人事業主は法人と比較すると、設立時の手続きや毎年の税務の手続きが、格段にラクです。

02 株式会社との比較

　まずは、個人事業主と株式会社では手続きに違いがあります。事業開始時でいえば、個人事業主の場合は基本的に管轄の税務署に「開業届（個人事業の開業・廃業等届出書）」を提出するだけで済みますが、株式会社の場合は書類などを揃えていくつかのプロセスを経て、設立の登記を完了する必要があります。詳しくは本書で解説していきます。

　なお、株式会社設立後も税務署への届出や都道府県や市区町村への届出もあります。個人事業主が開業届を提出するのは無料ですが、株式会社の設立登記は無料ではありません。例えば、登録免許税という税金や公証役場での定款認証費用などが発生します。また、適用される税金や認められる経費の範囲も大きく異なります。個人事業主の場合は所得税ですが、株式会社の場合は法人税になります。会計経理についても、個人事業主の場合は確定申告を自力でやるひとが多いですが、株式会社の場合は法人税の申告を自力でやるのは非常に困難なので税理士に依頼することになります。なお、株式会社（法人）の場合は社会保険の加入手続きなども必要になり、手続きは多岐に渡ります。

個人事業主と株式会社の比較

	個人事業主	株式会社
事業開始	開業届	会社設立登記
事業開始費用	無料	有料
税金の種類	所得税	法人税
社会的信用度	低い	高い
会計経理	確定申告	法人決算申告
社会保険	原則任意	原則義務

point

☑ 個人事業主は税務署に開業届を出せば誰でもなれる
☑ 個人事業主は他の法人と比べて信用面で劣る

09 | 合同会社との違い

会社を設立することを検討したときに「どの形態の法人にするか」は迷うところです。株式会社と比較したときに一番迷うのが日本版LLCと呼ばれる「合同会社」になるのではないでしょうか。株式会社と比較しながら合同会社について見ていきましょう。

01 合同会社とは

「合同会社」は平成18年（2006年）の会社法の改正で新しくできた法人形態で「日本版LLC」とも呼ばれています。合同会社の場合、「出資者＝経営者」となり、株式会社のように株主と取締役を分離可能とするような制度にはなっていません。また、出資者（経営者）のことを「社員」と呼びます。そして、社員を代表する役職を「代表社員」と呼びます。社員というといわゆる雇用上の正社員のことのように一見聞こえますが、そうではありませんので注意が必要です。

　合同会社の制度ができたときは、この「社員」という役職が社会に浸透していなかったので、「代表社員○○○○」という肩書で名刺交換をしたところ、「会社の社員さんの代表の方なのですね」と笑えないリアクションがあったとも聞きます。

　今でこそ合同会社という法人形態も社会に認知されるようになり、金融機関などでも「合同会社？　それは何ですか？」と聞かれることはなくなりました。ひとりで会社をつくりたい、個人事業主の延長線上であくまで個人の信用を担保にビジネスを続けたい、というひとには合同会社が向いているかもしれません。

02 株式会社との比較

　合同会社と株式会社との一番の違いは、やはり形態の知名度です。合同会社、業務執行社員、代表社員といわれてもまだまだピンとこないひとは多いです。それに比べて、株式会社、株主、代表取締役とい

う名称を知らないひとはいないのではないでしょうか。

　出資者の扱いにも大きな違いがあります。株式会社の場合、出資だけして役員にはならない（所有と経営の分離）ということが可能ですが、合同会社の場合は出資者と社員はイコール（所有と経営の一致）なので切り離すことができません。

　合同会社のメリットとしては設立費用を抑えられる点にあります。合同会社は公証役場での定款認証手続きが不要であることに加え、登録免許税が6万円と株式会社の設立費用（登録免許税15万円＋定款認証費用）に比べるとかなり抑えることができます。

　また、合同会社は毎年の決算公告の義務がなく、役員の任期がないので、定期的に発生する手続きや登記を少なく抑えることができます。

合同会社と株式会社との比較

	合同会社	株式会社
意思決定	社員の決定	株主総会
代表者の肩書	代表社員	代表取締役
所有と経営	一致	分離
役員の任期	なし	あり
決算公告義務	なし	あり
定款設計の自由度	高い	低い
知名度	低い	高い

point

☑ 会社にするなら合同会社という選択肢もある
☑ 知名度や信用度は株式会社が一番

10 一般社団法人との違い

法人化を検討したときに合同会社と並んで株式会社と比較されるのが「一般社団法人」です。株式会社や合同会社とは少し種類が違う法人の一般社団法人ですが、株式会社と比較してどのような違いがあるのかを見ていきましょう。

01 一般社団法人とは

「一般社団法人」とは、営利を目的としない法人のことをいいます。「営利を目的としない」というのは、法人として収益活動をしてはいけないという意味ではなく、ここでは「法人の構成員に利益を分配してはいけない」という意味になります。一般社団法人であったとしても、売上がないとビジネスを継続することができません。株式会社の場合は、株主に配当金という形で利益を分配しますが、一般社団法人の場合はそれができないということになります。

　一般社団法人は、以前は「社団法人」という名称で主務官庁の許認可が必要でしたが、法改正によりそのような許認可が不要となり、設立しやすい法人になりました。近年、一般社団法人という名称を耳にする機会が増えたのには、このような経緯があります。一般社団法人は、「一般社団法人日本〇〇協会」といったような、協会という組織を活用した法人にマッチした法人形態といえるでしょう。

02 株式会社との比較

　株式会社の株主にあたるのが一般社団法人では「社員」になります。合同会社の社員と違い、出資は要件になりません。一般社団法人の社員の入退社の規定については、定款などで規定することが可能です。一般社団法人を設立するためには、社員が最低2名以上必要になります。社員は法人でもなることができます。なお、1名では設立できないのが株式会社との違いです。

　一般社団法人では、株式会社の取締役にあたるのが「理事」です。理事は最低1名でも構いません。理事を代表する役職が「代表理事」となります。「理事長」という肩書を名乗る場合もありますが、法律上は「代表理事」という肩書になります。

　一般社団法人は営利を目的としない法人なので、「公益性」が求められる事業を行う場合に利用される法人です。例えば、教育や研究に関する事業、介護や福祉に関する事業、地域や社会貢献に関する事業、医療や資格に関する事業などです。合同会社の場合は設立後に株式会社に変更することが可能ですが、一般社団法人の場合はあとから株式会社に変更することはできません。どちらがいいかは設立前によく考えてから、手続きに進むことをおすすめします。

　なお、一般社団法人は行政庁から公益認定を受けると、税制上の優遇措置を受けられる公益社団法人になることが可能です。ただし、ハードルは非常に高いので注意してください。

一般社団法人と株式会社の比較

	一般社団法人	株式会社
資本金	なし	あり
設立最低人数	2名以上	1名以上
意思決定機関	社員総会	株主総会
代表者の肩書	代表理事	代表取締役
設立登録免許税	6万円	原則15万円
利益の分配	不可（非営利）	可能（営利）

point

☑ 一般社団法人は営利を目的としない法人
☑ 一般社団法人は公益性が求められる法人

11 | 許認可事業に注意しよう

会社を設立するひとは「ただ会社をつくりたい」のではなく、何かしらの目的のために「新しい事業をはじめたい」と考えられていると思います。ただ会社をつくれば事業をはじめることができるとは限りません。事業によっては自治体の許認可が必要な場合もあります。ここでは、許認可が必要な事業について見ていきましょう。

01 許認可と事業目的

　事業を行うために、許認可が必要な業種は多岐に渡ります。例えば、建設業、宅建業、飲食業、旅行業、介護事業、リサイクルショップ（古物商）、運送業、投資顧問業、探偵業、産業廃棄物処理業など。これら以外にも、許認可が必要な事業は非常に多いです。

　なお、許認可事業を行うにあたって注意するのは、「法人としての要件がある」ということです。

　その中でも、会社を設立するうえで注意が必要なのは、「事業目的と資本金の要件」です。資本金は手元に資金がないとどうしようもないのですが、事業目的に関してはまず、登記することが重要です。忘れずに、登記しましょう。

「事業目的」とは、定款に記載する目的のことです。例えば、建設業の場合は「建築・土木工事の施工、請負」、宅建業の場合は「宅地建物取引業」、リサイクルショップの場合は「古物営業法に基づく古物商」など、それぞれ取得したい許認可に対応した事業目的が必要になります。自治体によっては厳格に文言を指定される場合もあるので、事前に確認が必要です。

　事業目的の変更や追加は会社設立後でももちろん可能ではありますが、別途登録免許税（3万円）がかかるので、設立時に漏れのないように入れておくに越したことはありません。

　許認可に関しては、その業務を専門にしている行政書士がいるので、心配な場合は登記をする前に相談してみるといいでしょう。

02 許認可が必要な事業とは

　許認可が必要な事業で、事業目的に記載が必要な業種は以下のとおりです。ここに記載した事業目的以外にも、自治体や地域によっては必要な場合もありますので、「この事業、許認可が必要かな？」と気になる場合は注意してください。

許認可が必要な主な事業目的の記載例

事業内容	事業目的の記載例
古物商	古物営業法に基づく古物商
労働者の派遣	労働者派遣事業
職業の紹介、あっせん	有料職業紹介事業
介護事業	介護保険法に基づく居宅サービス事業
運送業	一般貨物自動車運送事業
不動産業	宅地建物取引業
建設業	建築工事の設計、施工及び請負
酒類販売	酒類販売業
旅行業	旅行業法に基づく旅行業
宿泊施設	ホテル・旅館その他宿泊施設の運営
民泊	住宅宿泊事業法に基づく住宅宿泊事業
美容室（理容室）	美容室の経営、理容室の経営
倉庫業	倉庫業
産業廃棄物	産業廃棄物収集運搬業
飲食店	飲食店の経営
探偵業	探偵業法に基づく探偵業

point

☑ 許認可が必要な事業はあらかじめチェックしておこう
☑ 登記する文言にも注意しよう

12 資本金について

株式会社を設立する場合、資本金が必要になります。資本金を元手にビジネスをはじめるわけですから、多いに越したことはありません。業種によっては一定程度の金額以上の資本金が会社にないと、事業の許可が下りないこともあります。ここでは資本金について見ていきます。

01 資本金とは

「資本金」とは、事業を営むために必要な事業資金のことをいいます。

資本金を出資したひとのことを、「株主」といいます。資本金の金額が株式会社にとっては、信用力を担保する重要な要素になります。

以前は株式会社を設立する場合、最低資本金制度が定められており、1,000万円を下回る資本金の株式会社は設立することができませんでした。現在は、「1円」から設立することができます。

とはいえ、「資本金が1円の株式会社」が世間的に信用の高い法人といえるでしょうか。

実際、資本金が低い株式会社の場合、会社を設立したとしても銀行口座が開設できない、法人名義で事務所が借りられないなど、あとあと問題が発生する可能性があります。

新しく会社を設立しようと考える場合には、将来のことをよく考えて資本金を決める必要があります。

設立後の株式会社で金融機関から融資を受けようと思ったら、資本金の金額が重要になります。ただし、資本金も多ければいいというわけではなく、設立から二期は消費税の免税期間がありますが、資本金が1,000万円以上になると免税期間はなくなります。免税期間はインボイス登録との兼ね合いがあるので、注意してください。また、法人住民税に関しては資本金が1,000万円以下の場合には7万円ですが、1,000万円を超えると18万円に跳ね上がります（東京23区の場合）。

02　資本金はいくらで設立するのがいいのか

　それでは、資本金をいくらに設定して設立するのがいいのでしょうか。「資本金はいくらにしたらいいですか？」という質問は、会社設立の依頼を受けている中では非常に多い質問です。

　設立するためには資本金の設定は自由ですが、1円や100円などという金額での設立はやはり信用面からはおすすめできません。これは、取引する相手の立場になって考えると理解できるのではないでしょうか。これから取引する会社の代表から登記事項証明書を取得して、確認したときに、「資本金100円」と登記されていたら、「この社長は本気でこの事業に取り組む気があるのだろうか」と大方の人が感じるのではないでしょうか。

　つまり、これから設立する会社の取引先や関係先が、自社の登記事項証明書を取得したときに、信用面でマイナスにならない程度の資本金（100万円程度）を用意する必要があるといえます。

　もちろん、自分で用意できる以上の資本金を用意しようと、例えば親族などから借りた体裁にして、一時的に資本金を多く見せようと（見せ金）することは絶対にしてはいけない行為です。また、資本金を多く見せようとわざわざ借金をして、見栄を張る必要性もまったくありません。会社設立は計画的に行う必要があります。

　34ページ で説明した事業目的との関連もありますが、事業によっては許認可が必要になり、目的としてその事業を登記するだけではなく、資本金の要件も満たす必要が出てきます。

　その事業を法人として行うためには、いくらの資本金が必要なのかも注意してください。あとから登記をやり直すのは、手続き面でも費用面でも大変負担が大きいです。

point
- ☑ 資本金は会社経営に必要な事業資金
- ☑ 信用面でマイナスにならない金額を資本金にしよう

13 株式会社設立に必要な費用と かかる期間、設立の流れ

ここでは、株式会社を設立する手続きの流れを解説します。手続きをスムーズに進めるためには、その流れを押さえることがとても重要です。今はどの段階なのかを、常に把握するようにしましょう。

01 基本事項の決定

　会社を設立するにあたって必要なのは、「基本事項」といわれるものです。基本事項とは、「会社の名前（商号）」「事業目的」「会社の住所（本店所在地）」「役員」「役員の任期」「株主」「事業年度」など、会社を設立するにあたって決めておかなければならないことです。まずは、この基本事項を決定します。

02 定款の作成

　次に行うのが「定款」の作成です。定款とは、簡単にいってしまえば「会社の基本的なルールを決めたもの」です。「定款は会社の憲法」と呼ばれることも多いです。この定款を作成することによって、会社の基礎ができあがります。

　定款ができたら、その定款を「公証役場」で認証してもらう手続きをします。公証役場は「公証人に公正証書を作成してもらうところ」です。どのようなところかは後述しますが、あまりなじみのない役所かもしれません。公証役場で認証を受けたら、折り返し地点です。

03 登記申請書類の作成

　定款の認証を終えたら、資本金の証明のために「資本金を銀行に入金」して、次の手続きに備えます。

　資本金の入金ができたら、登記申請書などの「登記申請書類」を作成します。会社の住所を管轄する法務局に登記申請書を提出して、申

請します。登記が完了すると、会社の設立手続きが完了します。

登記申請書類の作成には、書類にそれぞれ個人の実印や会社代表者印での押印が必要です。押印されたこれらの書類をまとめて登記申請することで、会社の設立手続きは完了します。

なお、株式会社の設立にかかる費用は次のとおりです。事前に用意しておき、足りないことがないようにしましょう。

株式会社の設立手続きにかかる手数料

設立手続き	費用
定款の認証料・謄本代	約32,000円〜52,000円
定款の印紙代	40,000円 ※電子定款の場合は不要
登録免許税	150,000円 ※資本金が大きい場合は注意
その他（会社代表者印代、交通費、郵送費など）	10,000円〜30,000円

合計232,000円〜272,000円

04 登記後の手続き、そして営業開始

株式会社を設立したあとは、必要な届出を行えば営業開始です。会社の設立手続きは以上のような流れになります。

設立手続きでは、どの段階にいるかが非常に大事になりますので、会社設立の流れを押さえて、いま、何をしているかを意識して進めてください。

point

☑ 基本事項を手早く決める
☑ 段階ごとに必要な書類を見極める

14 余裕を持って準備しておけば登録免許税が半額に？

株式会社を設立する場合、登録免許税として最低15万円が必要になります。登録免許税は、登記を司法書士に依頼しなくても、設立時に必ずかかる税金です。しかし、場合によってはこの登録免許税が半分で済む制度があります。ここでは、この制度について見ていきましょう。

01　特定創業支援等事業とは

「特定創業支援等事業」とは、産業競争力強化法に基づいて認定された創業支援等事業計画における創業支援等事業のうち、「経営」「財務」「人材育成」「販路開拓」に関する知識のすべての習得が見込まれる支援を、創業者等に対して行う事業のことです。

「特定創業支援等事業」による支援を受けて、要件を満たした創業者（創業予定者含む）には、各自治体への申請により「特定創業支援等事業による支援を受けたことの証明書」を交付します。この証明書を提示することにより、創業に関する各制度において優遇措置を受けることができます。「特定創業支援等事業による支援を受けたことの証明書」の交付は、各自治体で開催されるセミナーなどに参加することで可能になります。ある程度、会社を設立することが将来明確になっているひとは、受けてみて損はないといえます。

02　証明書の交付を受けるとどのようなメリットがあるか

「特定創業支援等事業による支援を受けたことの証明書」の交付を受けると次のようなメリットがあります。

登録免許税の減税

一番大きいメリットは、登録免許税の減額です。株式会社の場合、設立時の登録免許税は最低でも15万円が必要です。これが半分の7万5,000円になります。ちなみに、合同会社の場合でも、6万円の半

分の3万円になります。登録免許税の減額の幅を考えると、株式会社を設立する際、大きな減税策になります。設立日までにある程度時間がある場合は、自治体のウェブサイトを確認して、検討してみてはいかがでしょうか。

創業融資の特例

　もう1つのメリットは、創業融資の特例です。「特定創業支援等事業による支援を受けたことの証明書」の交付を受けることによって、日本政策金融公庫から融資を受ける場合に、自己資金の要件や利率が緩和されます。もちろん、無条件で適用されるわけではなく、会社や代表取締役の信用チェックは実施されます。ただし、長い目で見たとき、融資利率の引き下げは財務に大きくかかわることなので、大きなメリットになります。また、証明書を交付されたということは、起業に関するセミナーを受講した証明にもなりますから、起業に対する本気度を評価してもらえるかもしれません。登録免許税の減額、融資利率の引き下げは非常にメリットが大きいので、会社を設立しようと考えている自治体のウェブサイトは必ずチェックしてみてください。

「新宿区創業支援等事業計画」の案内例

（新宿区「創業支援等事業計画について」、https://www.city.shinjuku.lg.jp/jigyo/sangyo01_002168.html）

point

- ☑ 起業セミナーを受講すると経済的なメリットが大きい
- ☑ 登録免許税が半額になり、融資利率の引き下げもある

15 | 株式会社の廃業について

株式会社を設立したあとに、何かしらの理由で廃業せざるを得ない可能性は当然あります。廃業の手続きを念頭に置き、最悪の場合を想定しておくことはビジネスでは非常に重要な考え方です。ここでは、株式会社の廃業にあたる解散と清算について見ていきましょう。

01 株式会社の解散とは

　株式会社を畳む、いわゆる廃業する場合には、一般的には2つの段階を経る必要があります。

　自己破産の場合などは裁判所が関与することになりますが、自主廃業の場合は「解散」「清算」という2段階で廃業する必要があります。

　会社の解散は「株主総会で決議」をして、取締役に代わる役員を「清算人」に選任します。解散を決議したら、事業は会社の清算に関する事業しか、原則、行うことはできません。

　解散及び清算人に関しては登記が必要になり、会社が勝手になくなっては困る債権者などが存在する可能性があるため、解散の事実を官報で公告する必要があります。公告期間は、最低でも2カ月間は必要になります。あらかじめ把握している債権者がいれば、公告と同時に個別に催告する必要もあります。解散が決まったら、税務署への申告も必要です。税務申告は税理士に依頼することが多いですが、決算の申告と同様の手続きになりますので、それなりの時間と費用がかかります。つまり、株式会社の場合、廃業しようと思っても数日でできるというわけではなく、時間も費用もかかります。

　個人の廃業と違い、内部にも外部にも取引関係者が多く存在する株式会社ですから、手続きも厳格に定められています。「誰にもバレずにひっそりと廃業を……」ということは不可能と考えたほうがいいでしょう。

02 株式会社の清算とは

　解散後は清算期間に入りますが、株式会社を清算するためにはプラスの資産があれば処分や譲渡を行い、マイナスの負債などがあれば返済や債権放棄などを行います。

　いずれにしても、資産や負債はゼロにする必要があります。清算は会社の資産をゼロにすることですから、残っている資産や負債があるまま清算することはできません。プラスの資産が残った場合は残余財産ということで株主に分配することになります。

　清算が終ったら決算報告書を作成し、株主総会にて報告をして、承認を得る必要があります。株式会社は株主の会社ですから、株主総会の承認が必要になります。株主総会で承認を得たあとは、清算結了の登記です。清算の登記のことを「清算結了登記」といいます。清算結了登記が完了すると、登記簿は閉鎖されることになります。

　ただし、登記簿が閉鎖されたからといってここで終わりではなく、最後に税務署への清算申告があり、申告まで無事に終えてはじめて株式会社の廃業が完了します。株式会社はつくるのも大変ですが、閉じるのも大変です。会社をつくるときに閉じることを考えたくはないと思いますが、計画的な経営を続けるためにも万が一のことを想定しておくことは重要です。解散、清算についても、頭に入れておきましょう。

株式会社廃業の流れ

株主総会による解散決議→解散及び清算人選任登記→財産目録等の作成及び承認→債権者保護手続き→解散確定申告書の提出→残余財産の確定等→清算確定申告書の提出→決算報告書の作成及び承認→清算結了登記→清算結了の届出

point

☑ 株式会社の廃業はまずは解散の手続きから
☑ 清算結了の手続きで完全に株式会社は消滅する

平成18年の
会社法施行について

　だいぶ前の話にはなるのですが、平成18年（2006年）に新会社法が施行されたことにより、株式会社は非常に設立しやすくなりました。それまでは、株式会社を設立しようと思ったら、資本金が原則、最低1,000万円必要でした。1,000万円という金額はとてもハードルが高いため、同時に法人起業のハードルも高かったということがいえます。また、資本金があることを証明するために「払込金保管証明書」という証明書を金融機関に発行してもらいます。とはいえ、この手続きは時間と費用がかかるため、急いで法人化したいというニーズに応えることが困難でした。

　現在では、ほとんど利用されていない募集設立を除き、払込金保管証明書は不要になっています。

　また、役員の最低人数が1名になったことも大きいでしょう。会社法が施行されるまでは取締役会の設置が必須だったため、最低でも4名（取締役3名、監査役1名）の頭数が必要でした。

　今では「ひとり起業」は当たり前ですが、旧会社法では役員の人数という点からも法人起業のハードルは高いものでした。

　新会社法が施行されたことで、有限会社は設立できなくなった一方、「合同会社」が誕生しました。合同会社は、定款認証が不要で、役員の任期がないという点で、株式会社と比較するとコストが抑えられる法人形態です。

　合同会社については、『合同会社（LLC）設立＆運営 完全ガイド──はじめてでも最短距離で登記・変更ができる！』に詳しく記載されていますので、興味のある方はぜひご覧ください。

第2章
株式会社は、こんな場合に向いている

01 法人としての信用を最大限に活用したい

「株式会社」を設立したいと考えた場合、法人化のメリットはいくつかありますが、一番のメリットはやはり「信用」ではないでしょうか。なぜ、法人化すると「信用がある」ということになるのか、ここでは具体的に見ていきましょう。

01　登記制度によって法人の情報は公にされることに

「株式会社は、その本店の所在地において設立の登記をすることによって成立します（会社法第49条）」

　会社法の条文にもあるように、「株式会社」を設立するためには、必ず「登記」する必要があります。登記をしなければ、株式会社を名乗ることはできません。登記をすることで、登記の内容が公になります。会社の「登記事項証明書」は、手数料を支払えば法務局で誰でも取得することが可能です。つまり、取引をしようと検討している会社があれば、その会社の登記事項証明書を取得することで、どのような会社なのか確認することができます。「資本金はいくらなのか」「役員は誰なのか」「何人いるのか」など、会社の信用に関する情報が記載されています。現在の情報だけではなく、過去の情報も確認することができるので、情報収集の手段としては重宝されています。このようにある程度、可視化された登記制度があるため、法人の信用が担保されるということになります。個人事業主にはこのような可視化された制度がないので、法人に比べると信用が劣るといわざるを得ません。

02　個人事業主では信用されない時代

「法人化は必要な費用も増えるし、税金も複雑だし、登記で色々と公開されるのは避けたいし……」という理由で法人化を避けている、という話はよく耳にします。個人事業主で事業を続けられる方は、それでもいいでしょう。しかし、これからは少し難しくなります。実際

に、「取引先から個人事業主とは取引できない、といわれたから法人化したい」という話はあとを絶ちません。「そのようなことをいう取引先ならば、取引を中止すればいい」という考えも理解はできますが、1社に売上を依存している場合は、そう簡単にはいきません。

03 インボイス制度の影響

　令和5年（2023年）10月から「適格請求書等保存方式」、いわゆる「インボイス制度」がはじまりました。個人事業主でも法人でも開業（設立）後、最初の2期は消費税の免税が認められています。創業初期は金銭的にも厳しい時期が続くことが多いですから、消費税の免税は経営にあたり非常に助かります。しかし、インボイス制度の適用で、この恩恵を受けることが事実上難しくなりました。消費税の納付は原則として、受け取った消費税から支払った消費税を差し引いた分を納付します。これを「仕入税額控除」といいます。この仕入税額控除を利用するためには、支払った先が消費税の課税事業者である必要があります。免税事業者の場合は、仕入税額控除を利用することができません（ただし、6年間の経過措置あり）。つまり、取引先が課税事業者か免税事業者かで、消費税の額が大きく変わってきます。そうなると、「うちは課税事業者としか取引しません」という企業が増えることは予想されます。「会社を設立したばかりだから、最初の2期は消費税を納めなくていい」と考えていたところ、そもそも取引してくれる企業がなくなってしまうと、売上は立ちません。これでは本末転倒です。今後は、創業当初から消費税の課税事業者になることを、検討せざるを得ないでしょう。経営計画や予算に大きく影響することですから、あらかじめ課税事業者になるかどうかを考慮しておきましょう。

point

☑ 法人の信用は登記制度によって担保されている
☑ インボイス制度を知っておこう

02 雇用して事業規模を拡大したい

「はじめはたったひとりの会社でも、いずれは正社員を雇用して、会社の規模を大きくしていきたい」と考える起業家や経営者は多いでしょう。新たに雇用する場合、なぜ株式会社が適しているのか、具体的に見ていきましょう。

01 雇用するなら"社保完"が求められる

　法人として雇用するなら、今や"社保完"は当然に求められます。社保完とは、いわゆる「社会保険完備」の略です。完備というためには、健康保険、厚生年金保険、雇用保険、労災保険のすべてに加入する必要があります。雇用する場合、加入のし忘れがないようにくれぐれも注意してください。

　「保険料が高いから保険に加入したくない……」という話もちらほら耳にします。"社保完"のない会社でも雇用は可能かもしれませんが、雇用される側の立場になって考えてみれば、自ずと答えは出るでしょう。"社保完"が当たり前の世の中で、環境が整ってない会社に雇用されたいと考えるひとはいるでしょうか?　おそらく、いないと思います。最低限、雇用する環境を整える必要があるでしょう。社会保険料が払えなくて法人を解散する会社も存在しますが、必要な制度ですから、しっかりと把握しておきましょう。

02 株式会社という安心感

　法人で社会保険が完備されていれば、雇用するにあたり不安はないのでしょうか。法人といっても、合同会社や一般社団法人など、法人の形態もさまざまです。ここでもやはり、雇用される側の視点が重要なります。A社とB社で同じ待遇だったとして、A社は株式会社だけどB社は合同会社の場合、雇用される側はどちらの会社に入りたいと考えるでしょうか。やはり、まだまだ株式会社であるA社を選択する

ひとが多いと思います。必ずしも、合同会社が株式会社よりも劣るということではありませんが、客観的な印象で決められてしまうことは仕方ないことです。

03 会社の本店をどこに置くか

　雇用する場合、会社の住所をどこにするのかというのも非常に重要なポイントです。例えば、自宅と兼務する本店の場合、雇う側も雇われる側も気を遣います。おそらく、人材募集をしても難しいのではないでしょうか。

　費用を抑えたいためにバーチャルオフィスを利用する、という場合もあるでしょう。バーチャルオフィスとは、個別の部屋などが存在しない、住所だけのオフィスのことです。バーチャルオフィスかどうかは、住所を調べればわかりますから、人材募集をしたところで信頼性に欠ける印象は否めません。

　雇用を検討する場合は、雇用される側に「ここで働きたい」と感じてもらえる事務所へ移転してから、人材募集するのがいいでしょう。

　設立時はどうしても費用を抑えたいため、事務所を借りるのにあまりお金をかけたくないかもしれません。

　しかし、必要に迫られてから事務所を借りようとしても、いい物件に巡り合えるとは限りませんし、保証金など初期費用も多額にかかってしまいます。また、本店移転登記の費用もかかりますし、関係各所に移転の通知を送る手間もかかります。本店を決める際は、長い目で決めるようにしましょう。なお、同じ法務局の管轄内での本店移転は3万円、管轄外への本店移転は6万円の登録免許税がかかります。

point

☑ 雇用するにあたり、社会保険完備は当然
☑ 本店をどこにするかは雇用において非常に重要

03 将来的には上場したい

自社の商品やサービスに自信があれば、いつかは自分の会社を「上場」させたいと考える起業家もいるでしょう。上場を視野に入れた場合、入念な準備が必要なことはいうまでもありませんが、それは会社設立時にもいえることです。

01 株式上場はまだまだハードルが高い

「自社の株式を上場させたい」と考えている起業家も、少なくないのではないでしょうか。現在、日本で上場している企業はおよそ4,000社あります。年々増加してはいますが、日本の99％の企業は非上場企業となります。株式の上場は非常にハードルが高いものとなっています。

これまでは、「東証一部」「東証二部」「マザーズ」「ジャスダック」という市場区分でしたが、令和4年度（2022年度）より「プライム」「スタンダード」「グロース」と再編されました。それぞれに上場するための基準がありますので、上場を目指すひとは設立前から調べておくとイメージがしやすいでしょう。

02 新しい市場も増えてきた

これらの市場の他に、東京証券取引所には「東京プロマーケット(TOKYO PRO Market)」という市場があります。

東京プロマーケットとは、一般の株式市場とは違い、プロ投資家のみが参加できる市場です。上場のための基準などが一般の市場と比較して、ハードルが低く設定されています。そのため、他の市場に比べて、上場準備や上場維持にかかるコストを抑えることが可能になります。

上場すると企業としての信用や知名度が格段に上がるので、いつか自分の会社を上場させたいと考えるひとは東京プロマーケットから検討するのも1つの選択肢ではないでしょうか。東京プロマーケットから一般の市場に変更して、上場させることも可能です。

また、東京証券取引所以外にも地方に証券取引所は存在します。「札幌証券取引所」「名古屋証券取引所」「福岡証券取引所」の3つです。それぞれ、東京証券取引所に比べれば上場している企業数は少ないですが、地方で起業して上場させたいと考えるなら、選択肢の1つとして検討してみてはいかがでしょうか。

03 上場は株式会社しかできない

　将来、自分の会社を上場させたいと考えた場合、株式会社しか認められていません。将来的にはどうなるかはわからないですが、おそらく今後も変わらず株式会社しか上場できないと考えていいでしょう。

　上場するためにはさまざまな要件をクリアする必要があります。株主数や流通株式数、時価総額など多岐に渡ります。上場までには何年もかかることは当たり前ですし、コンプライアンスも高い水準を求められます。設立時から上場を意識することで、どのような登記にするかも変わってきます。登記簿は過去に遡って取得することができ、履歴はすべて残るので簡単に「あとから変えればいい」というわけにはいかない場合も出てきます。例えば、設立時の1株あたりの金額は1万円や5万円にすることが多いですが、上場する場合は株式数も要件になりますので、1株1万円や5万円では発行株式数が少なく、株式分割（1株を10株や100株に分割する手続き）をすることになります。当然、定款変更や登記の変更に費用がかかることになりますし、履歴も残りますから計画的な設立ではなかったことが露呈してしまいます。そこで、上場を想定しているならば、「1株1円で発行する」ということも選択肢としては有効です。上場するか、しないかで設立時から判断することが変わってきますので、注意してください。

---

point

☑ 証券取引所にも種類がある
☑ 上場を検討するなら設立から意識しよう

04 親族を役員にしたい、出資をしない役員を入れたい

配偶者や親、子どもなどの親族を役員に入れたいという起業家は少なくありません。昔からある親族経営の中小企業などは、役員全員親族ということも珍しくありません。ここでは、親族を役員に入れるメリットについて見ていきましょう。

01 「所有と経営の分離」「株主有限責任の原則」

　株式会社の場合、役員になるためには出資は必要ありません。株式会社には、「所有と経営の分離」という原則があるからです。所有は株主、経営は役員に該当します。これが、株式会社の代表的なメリットです。ただし、中小企業やベンチャー企業の場合、株主がそのまま役員を行っているケースがほとんどです。そのため「所有と経営の分離」といわれてもピンと来ないかもしれません。「お金は出したいけど、経営はしたくない（株主）」「経営には参加してほしいけど、出資は頼めない（役員）」という両者がそれぞれの足りないところを補って経営する場合に、株式会社は向いています。

　株主からすると、出資した資本金以上の責任を負うことはない「株主有限責任の原則」という、もう1つのメリットもあります。株式投資をイメージすればご理解いただけると思いますが、株の値上がり益や配当金がもらえればそれでいいというニーズも当然あるわけです。

02 合同会社の場合は出資が必要

　株式会社とよく比較される合同会社の場合、「所有と経営の分離」の原則は適用されません。「業務執行社員（株式会社の取締役に該当）になってもらいたい」と考えても、出資が必要になりますので、出資を行ってもらうことになります。出資すれば、当然資本金が増えることになるので、増資の登記が必要になります。

　また、出資をせずに、既存の社員（株式会社の株主に該当）から出

資持分を譲渡してもらう方法もあります。ただし、この方法だと資本金は増えないので増資の登記は必要ありませんが、持分の譲渡金額によっては所得税などの税金が発生する可能性があるので、注意が必要です。「所有と経営の分離」の有無が、株式会社と合同会社との大きな違いでもあります。

03 親族を役員にして報酬を支払いたい

　親族を役員にすることで得られるメリットはいくつかありますが、役員報酬を親族に支払えば経費になるなど、節税の効果が大きいことが一番ではないでしょうか。役員報酬をいくらに設定するのかは、一概に「何円が最適」と決められないところなので、税理士に相談しながら決めてください。

　また、役員報酬の設定は社会保険料にも大きく影響します。常勤か非常勤か、社会保険の扶養から外れないかなど、役員に報酬を支払うといっても、気を付ける点が多いので注意してください。

　役員報酬が損金になるからといって、過大に設定すると税務調査が入ったときに否認されるおそれがあるので、安易に考えずに、必ず税理士のアドバイスを受けてから役員報酬を設定したほうがいいでしょう。もちろん、役員の実態がないのに役員にしたことにして、報酬を支払って節税するなどといった行為はリスクが高いので、絶対に避けるべきです。

　なお、本人の同意のない役員就任も当然ダメです。親族だからといって、「勝手に実印を押印して役員にする」ということはやめてください。身内のトラブルは安易な考えから発展することが多いので、注意しましょう。

point
☑ 合同会社と違い、株式会社は役員が出資する必要はない
☑ 役員報酬の金額には注意しよう

05　想いが共通する友人と事業をはじめたい

法人化を考えるときに、「これまで一緒にやってきた仲間と起業したい」「優秀な仲間の力を借りて起業したい」など、自分ひとりではなく、他の誰かと起業したいというひとは多いのではないでしょうか。ここでは、共同で起業するときに注意する点について見ていきましょう。

01　共同経営という選択肢

　はじめからひとりで起業できるに越したことはありませんが、あれもこれもひとりで器用にできるひとはほとんどいないといっていいでしょう。そうすると、誰かの力を借りて一緒に起業する、ということも選択肢の1つに入ります。それが「共同経営」です。お互いの足りないところを補完し合うことで相乗効果を発揮して、ビジネスが加速するスピードもひとりで起業するよりは段違いになる可能性を秘めています。とはいえ、いいことばかりではないのが共同経営でもあるので、注意が必要です。

02　共同経営のメリット

　共同経営のメリットは、やはりお互いの足りないところを補完し合うことです。また、お互いの長所を理解して伸ばすことで、相乗効果も期待できます。

　対等な立場であれば、お互いに意見を言い合うことにより、よき相談者になる点は大きいです。役割分担がしっかりできていれば、効率的に業務を行うこともできます。

　加えて、責任が分散される点も大きなメリットです。ひとりで起業すれば当然、自分が責任を負うことになりますが、共同経営ならば共同で責任を負うことになります。

「経営者は孤独な生き物」とはよくいわれますが、共同経営の場合はその点が緩和されるのが重要なポイントです。

03   共同経営のデメリット

　共同経営のメリットは、そのままデメリットになってしまうことも
あります。お互いに意見を言い合うことで話がまとまる場合はいいの
ですが、逆にまとまらない場合は、会社としての意思決定ができなく
なり、ビジネスが停滞してしまいます。ビジネスをするうえで、ひと
りで意思決定をしたほうが圧倒的に速いので、この点は共同経営の大
きなデメリットになります。また、話し合いで解決ができる場合はい
いのですが、揉めた場合は人間関係にまでヒビが入ってしまうと、収
拾がつかなくなるので注意が必要です。片方が「会社を辞める」とい
う話にまで発展すると、会社の存続危機にもなり、「出資した株式をど
うするか」などと、経営以外のトラブルにもつながってしまいます。

04   出資比率に要注意

　共同経営のメリット・デメリットを見てきましたが、ここで重要に
なるのがお互いの出資比率です。共同経営の場合、株を50％ずつ持
ち合うことはよくありますが、あまりおすすめはしません。関係が良
好なときはそれでも意思決定が円滑に進むかもしれませんが、そうで
ないときは会社として意思決定ができなくなってしまいます。理由は、
株主総会の承認決議について、普通決議の場合は議決権の過半数が必
要になりますが、50％ずつでは過半数には届かないからです。このパ
ターンで会社が崩壊するケースは、非常に多いので注意してください。

　会社設立時の関係が良好なときにしっかり話し合い、「共同経営だけ
ど出資比率は70％と30％にする」などの工夫が必要になります。ま
た、「株主間契約」を締結して、株主間で独自に契約を締結することで
未然にトラブルを防ぐ方法もあります。

> **point**
> ☑ 共同経営は慎重に!!
> ☑ 出資比率は特に要注意

06 迷ったら株式会社

法人化をしたいと考えたときに、果たして株式会社でいいのか、それとも株式会社以外の法人形態のほうがいいのか、迷う人は少なくありません。株式会社にする決め手はどこにあるのでしょうか。ここでは、他の法人形態と比較しながら見ていきましょう。

01　合同会社との比較

　まずは、合同会社との違いです。一番はすでに触れたとおり「所有と経営の分離」の違いで、株式会社には該当しますが、合同会社には該当しません。合同会社の場合、役員として誰かを追加したいと考えても、出資を行ってもらうか、自分の出資持分を譲渡する必要がありますので、株式会社と比較すると面倒です。

　ただし、「合同会社には役員の任期がない」「決算の公告義務がない」など、株式会社と比べると制限が少ないので、その点はよく検討して決めるといいでしょう。

02　一般社団法人との比較

　次に、一般社団法人との違いです。一般社団法人は、以前は主務官庁の許可が必要だったため、簡単に設立できる法人ではありませんでした。一方、現在では株式会社と同様の手続きで設立することが可能になり、設立数も飛躍的に増えている法人形態です。非営利型のビジネスを展開するときには、一般社団法人が向いています。なお、非営利の事業しかできないかというとそうではなく、営利事業も行うことは可能です。最近では「認定協会」や「資格検定ビジネス」に利用される例が顕著です。法人税については原則として、株式会社と同様の取り扱いではありますが、要件を備えれば非営利事業には課税されなくなるなどのメリットもあります。

　ただし、株式会社の場合、役員の任期を最長で10年まで延ばすこ

とができる一方、一般社団法人の場合は「理事は2年」「監事は4年」と定められており、10年まで延ばすことができません。そのため、2年に一度、役員の構成に変更がなくても重任（再任）の登記をする必要があります。また、設立する際には最低2名の「社員（株式会社でいうところの"発起人"）」が必要になります。株式会社の場合は1名でも設立ができるので、ひとりでビジネスをしたいという方には一般社団法人は向いていません。

03 株式会社の知名度は比較にならない

　他の法人形態と迷ったときには、予算にもよりますが、「株式会社」で設立することをおすすめします。理由は何といっても、その圧倒的な知名度です。ビジネスをしているひとで、「株式会社」と聞いて知らないひとはまずいません。合同会社や一般社団法人も世間に浸透してきてはいますが、株式会社に比べると認知度は低いです。

　株式会社の場合は、肩書で「代表取締役」と名乗れることもポイントです。ビジネスをするうえで「代表取締役」という肩書には、社会的な信用力があります。名刺に「代表取締役」と書いてあれば、誰でも「おお、社長だ……」となるのではないでしょうか。

　一方、合同会社の場合は肩書が「代表社員」ですが、正直なところ「社員（会社員の意味）の代表」と相手から勘違いされてしまうこともあります。一般社団法人の場合もまた、肩書が「代表理事」なので、営利目的のビジネスとは少しニュアンスが異なります。

　たかが肩書と思われるかもしれませんが、ビジネスでは非常に重要なポイントになります。このような観点からも、株式会社にしたほうがいいのかどうかを、判断してみてもいいのではないでしょうか。

point

☑ 株式会社と他の法人を比較してみよう
☑ 代表の肩書は重要なポイント！

株式会社の設立数の推移

　株式会社の設立数は平成18年（2006年）の会社法施行以降、安定的に推移しています。

　リーマンショックや東日本大震災、新型コロナウイルスのまん延など社会を脅かす出来事がこれまでにいくつか起こりましたが、逆境に負けずに設立数を着実に伸ばしています。

　人口が減っていく中で、設立数が増えるということに、起業意識の高まりを強く感じます。

株式会社の設立件数

	株式会社設立件数
平成18年	76,570
平成19年	95,363
平成20年	86,222
平成21年	79,902
平成22年	80,535
平成23年	80,244
平成24年	80,862
平成25年	81,889
平成26年	86,639
平成27年	88,803
平成28年	90,405
平成29年	91,379
平成30年	86,993
平成31年（令和1年）	87,871
令和2年	85,688
令和3年	95,222
令和4年	92,371

（出典：e-Stat 政府統計の総合窓口「データセット一覧」、https://www.e-stat.go.jp）

第3章
株式会社の
基本事項を決める

01 | 発起人（出資者）を決めよう

株式会社に自らが出資を行って、設立する人のことを「発起人」といいます。株式会社を設立する場合、まずはこの「発起人」を決めることになります。「発起人」とはどういう人のことをいうのでしょうか。ここでは、「発起人」について見ていきましょう。

01　発起設立を選択する

　株式会社を設立する方法は、株式の引き受けの方法によって大きく2つに分かれます。発起設立と募集設立です。

発起設立

　1つは家族や友人など、限られた者だけが資本金を出し、その者が会社設立の際に発行する株式をすべて引き受ける（所有する）という方法の「発起設立」です。自分ひとりだけの場合も、この発起設立に該当します。現在はこの発起設立が主流で、小さな会社の場合、ほとんどがこの方法を採用しています。

募集設立

　設立方法のもう1つは、「募集設立」と呼ばれるものです。募集設立とは、より多くの人たちから出資金を集める方法で、発起人以外の人にも広く株式を引き受けてもらう方法です。ただし、募集設立は発起設立に比べて、「発起人名義の銀行口座に入金する」という簡易な方法を使用できないため、手続きのハードルが非常に高い方法になります。

　さて、ここでどちらの設立方法を選択するかという問題がありますが、自分ひとりや家族、友人といった身近な人たちで資本金を出し合う場合や、小規模な会社を設立する場合は、発起設立を行うべきでしょう。株式会社の設立は発起設立が主流ですし、小さな会社であれ

ば、わざわざ手続きが複雑な募集設立を選択する理由はありません。よって、本書では発起設立の方法を説明します。

02 発起人を決定する

　株式会社を設立するには、基本事項を決めたり、定款を作成したり、資本金を払い込んだりと、さまざまな手続きが必要になります。この一連の手続きを担う役割の人が「発起人」です。つまり、最初に発起人を決めないと、何もはじまらないということです。したがって、株式会社を設立する際は、まず発起人を決めましょう。

　発起人の数は1名以上と決められています。もちろん、発起人を複数にすることもできます。ただし、人数が多いとその分手続きは煩雑になるので、発起人の人数が多い場合には時間と手間がかかることも頭に入れておきましょう。

　また、発起人は発行される株式を必ず1株以上引き受けなければなりません。よって、株主として会社のオーナーになるので、自分以外の発起人を選ぶ場合は慎重に決めましょう。

　発起人になるための資格制限などは、特別複雑ではありません。法人でもなることができます。未成年者などの制限能力者も発起人になることはできますが、その際には親権者など法定代理人の同意が必要になります。

　なお、発起人は印鑑登録証明書が必要になりますので、印鑑登録証明書が発行されない幼い年齢の場合は、残念ながら発起人になることはできません。微妙な年齢の場合には、印鑑登録証明書を発行する市区町村役場や認証する公証役場に事前に相談が必要になります。以上の点に注意しながら、発起人を決めましょう。

point

☑ 募集設立は採用せず、発起設立で株式会社を設立しよう
☑ 誰でも発起人になることができるわけではない点に注意しよう

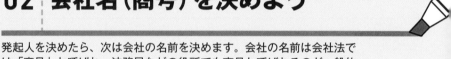

02 会社名（商号）を決めよう

発起人を決めたら、次は会社の名前を決めます。会社の名前は会社法では「商号」と呼ばれ、法務局などの役所でも商号と呼ばれるのが一般的です。ここでは、「会社の名前」を「商号」と統一して呼びます。それでは、商号について見ていきましょう。

01 商号を決めるときの基本ルールを押さえよう

同一住所で同一商号は使用できない

　以前は「同一市区町村内で、同業種の営業目的で、同じ商号又は類似する商号は使用できない」というルール（類似商号禁止ルール）がありました。ただ現在では、平成18年（2006年）5月に施行された「会社法」によって、「同一住所でなければ類似する商号でも登記できる」というように改正されています。よって、実際にはほとんどないと思いますが、同一住所でなければ同一商号の会社を設立することができます。

商号の中に必ず「株式会社」を入れる

　商号の中には、必ず「株式会社」を入れます。例えば、商号を「パワーコンテンツジャパン」にした場合、一般的には商号の前後どちらかに「株式会社」を使用し、「株式会社パワーコンテンツジャパン」、あるいは「パワーコンテンツジャパン株式会社」とします。いわゆる「前株・後株」と呼ばれるものです。

　なお、前株又は後株にしても、法的な違いはありません。「口に出したときにどちらがしっくりくるか」「株式会社を全面に出したいか」「オリジナルの商号を全面に出したいか」など、さまざまな点から決めましょう。

使用できる文字に制限がある

　使用できる文字は「漢字」「ひらがな」「カタカナ」「ローマ字（大文字・小文字）」「アラビア数字（0，1，2，3，4，5，6，7，8，9）」と

「一定の符号（「&」「'」「,」「－」「.」「・」）」のみを使用することができます。ローマ字に限り、単語と単語を区切るためのスペースを使用することが可能です。

会社の一部門を表す文字は使用できない

商号の中に、「○○支店」「○○支部」「○○支社」といった会社の一部門を表す文字を使用することはできません。例えば「パワーコンテンツジャパン株式会社東京支店」などは、商号として使用することはできません。

「銀行」「信託」の文字は使用できない

銀行業や信託業を行う会社以外で、「銀行」「信託」の文字は使用できません。

公序良俗に反するものは使用できない

常識的なことですが、いわゆる公序良俗に反するような商号も使用できません。

有名企業の商号は使用できない

「ソニー」や「パナソニック」のように、有名な会社の商号を使うことは避けましょう。どの企業が有名かどうかという基準は明確ではありませんが、一般的に誰もが知っている企業の商号を使用することは大きなリスクを伴います。場合によっては、不正競争防止法による罰金を科せられることもあります。

以上のルールを守って商号を決定すれば、ほぼ問題はありません。それでも不安な場合は、必ず管轄法務局で確認を取ってください。

point

☑ 同一住所で同一商号は使えない
☑ 使える文字には制限がある

03 商号調査をしよう

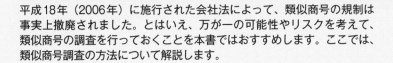

平成18年（2006年）に施行された会社法によって、類似商号の規制は
事実上撤廃されました。とはいえ、万が一の可能性やリスクを考えて、
類似商号の調査を行っておくことを本書ではおすすめします。ここでは、
類似商号調査の方法について解説します。

01　商号を調査する

類似商号の規制緩和

　かつては「類似商号の規制」という、同じ市区町村などの最小行政
区画のエリアにおいて、同じ業種で同じ商号、あるいは類似商号（同
一ではないが非常によく似た商号）の会社を設立することはできませ
んでした。

　そのため、商号を決める前に「商号の調査」を行う必要がありまし
たが、会社法では類似商号の規制については撤廃され、「同一の住所で
同じ商号の使用ができない」という内容に緩和されました。

　とはいえ、仮に同じ商号を使用してしまった場合、「不正競争防止
法」などの法律に基づいて、既存の会社から商号の使用差し止め請求
を受けることや、損害賠償請求を受けてしまう可能性があります。こ
のような事態を招かないためにも、規制が緩くなったとはいえ、事前
に商号の調査はしておくべきでしょう。

　商号の調査は基本的には管轄の「法務局」で行います。法務局にあ
る類似商号調査のための「閲覧申請書」に必要事項を記入し、窓口に
申し出れば無料で商号調査をすることができます。いくつか商号の候
補が浮かんだら、法務局に出向いて調査をしておきましょう。

類似商号の調査

　前述のとおり、商号の調査は「法務局」で行うこともできますが、
現在は国税庁の「法人番号公表サイト」が便利です。

国税庁「法人番号公表サイト」のウェブサイト

（国税庁「法人番号公表サイト」、https://www.houjin-bangou.nta.go.jp/）

「法人番号公表サイト」は国税庁、つまりは国が運営しているウェブサイトですから嘘や虚偽の情報などはなく、利用するのも非常に便利です。

　また、都道府県単位で絞ることもできるので、設立しようとしている市区町村に類似している商号の会社が存在するかどうかを調査することができます。類似商号ではなく、どのような商号の会社があるのかを調べるのにも最適なウェブサイトです。

　このように、最近では国や自治体のウェブサイトも役立つサイトが増えています。ぜひ、これらのサイトを参考にしましょう。

point

☑ 個性的な商号であっても「類似商号の調査」をすること
☑ 安易な商号使用のリスクを知っておくこと

04 | 事業目的を決めよう

「事業目的」とは、会社が行う事業の内容や目的のことです。株式会社は、定款で定めた事業目的の範囲内でのみ活動できることになっているので、会社を設立する際には慎重に事業目的を決定しなければなりません。ここでは、株式会社の事業目的について見ていきましょう。

01 中心となる事業を列挙する

　事業目的を決定するためには、まず、事業の大まかな内容を決める必要があります。これまで実際にビジネスをされてきた方で、株式会社を設立してすぐにその事業を行うならば、そのビジネスの大まかな内容を書き出します。

　設立後、すぐに行う事業だけではなく、将来的に行うかもしれない事業はできるだけ書き出すようにしましょう。

　設立の際に決めた会社の事業目的に変更や追加があった場合には、登記費用（登録免許税3万円）を支払って、変更手続きをしなければなりません。あとから不必要に変更しないためにも、設立の段階で考えられる事業目的はできるだけ盛り込むようにしておくことがポイントです。

　ただし、あまりに多業種に渡る場合は、何を行っている会社なのか一見してわかりにくいデメリットがありますので、くれぐれも注意してください。

　また、許認可が必要な事業目的や、反社会的取引を疑われるような事業目的を記載すると、法人口座の開設を断られる、融資を受けられないなどのリスクもあるので注意してください。

02 事業内容を検討する

　大まかな事業の内容を書き出したら、今度はその事業内容を個別に検討していきます。事業目的には、「明確性」「具体性」「営利性」「適法

性」が求められています。そこで、大まかな事業内容を個別に検討していく必要があります。ちなみに、「明確性」と「具体性」については会社法の施行により、ある程度は緩和されましたが、「何をする会社なのか」を説明するうえでは、重要な視点であることに変わりはありません。つまりは、ひと目で内容がわかり、かつ違法なビジネスでないことが要件なのです。違法というのは、詐欺や窃盗を目的としたビジネスを行わないのはいうまでもないことですが、独占業務がある国家資格者しかできない業務もここには含まれます。

例えば、「ITビジネス」では「具体性」の条件を満たしていませんが、「インターネット等を通じた通信販売に関する業務」であるならば条件を満たします。

事業目的は、まったく関連しないものが複数あっても構いません。インターネットに関連したビジネスを行う一方で、中古車の販売をしても構いません。極端ないい方をすれば、一貫性のない事業目的が並んでいてもいいのです。また、30個や40個などたくさんあっても問題はありません。

ただし、事業目的は会社の登記事項証明書に記載されているので、誰でも閲覧できます。また、「その会社が何をしているのか」を明確に示すものなので、あまり関連性のない事業目的が羅列していると、取引上、悪い印象を与えかねません。できるだけ整合性のある事業目的を決めましょう。なお、事業目的は具体性などの要件が緩和されてきてはいますが、実際にどのくらいまで緩和されたのかというと、明確な基準はありませんので、前例に従って決めておくのが無難です。気になる場合は、他社の登記事項証明書を取得して、確認するのも1つの方法になります。

point

☑ 将来的に考えられるビジネスはすべてピックアップする
☑ 「明確性」「具体性」「営利性」「適法性」のルールを守る

05 事業目的の許認可を確認しよう

事業目的には、「明確性」「具体性」「営利性」「適法性」というルールがあります。それ以外にも、事業目的を決める際は、各種の営業許可なども検討しなくてはなりません。ここでは、「営業許可」と「事業目的」を決めるための、簡単な方法を見ていきましょう。

01 許認可だけは絶対に調べておこう

　事業目的を決める際に重要なことは、許認可が必要な事業を行うかどうかです。日本で株式会社を設立して、ビジネスを行うためには、もちろん日本の法律の規制を受けることになります。

　一部の事業では、許認可などの制度を採用しているものもあるので、許可を取らなければできないビジネスもあります。事業目的を決める際には、必ず役所などの許認可が必要かどうかを確認しておきましょう。自分の行う事業に「許認可が必要かどうか」は、会社設立のキモといっても過言ではないでしょう。

02 事業目的を決定する3つの方法

　事業目的は、会社を設立するうえで一番時間をかけて検討するところです。ただ、なかなか決められない場合には、決める方法として次の3つの方法があります。

法務局で相談する

　1つ目は、自分自身で決めて、法務局に相談し、訂正してもらうという方法です。確実に決めることができて、なおかつ相談は無料です。とはいえ、法務局へ出向く際の往復に要する時間が難点です。電話相談を行っている法務局もあるので、まずは管轄の法務局に確認してください。また、法務局によっては、担当制で司法書士が相談対応してくれるところもあります。突然、法務局へ行っても対応してくれ

るとは限りませんので、あらかじめ予約をしてから行くようにしましょう。

前例に倣って決める

　2つ目は、市販の書籍などをもとに作成する方法です。こういった書籍は過去に登記された目的が記載されているので、適法に設立された目的を採用すれば問題ないでしょう。ただし、一部地域差やローカルルールがあるので、可能であれば事前に法務局で確認することをおすすめします。また、法改正などで文言が変更になっている場合もあるので、最新版で確認して利用しましょう。

既存の会社の事業目的を参考にする

　3つ目は、既存の会社の事業目的を参考にするという方法です。実際の会社名を挙げて、「株式会社○○のような会社にしたい」とイメージできるならば、その会社の事業目的を参考にして、そのまま使用します。

　例えば、参考にしたい会社のウェブサイトを確認すると、企業情報などのページに事業目的が記載されていることがあります。

　上場企業ならばIR情報に定款が記載されている場合もあるので、非常に参考になります。ただし、ウェブサイトに記載されている事業目的がそのまま登記されているとも限りません。念には念を入れて確認したいひとは、参考にしたい会社の登記事項証明書を取得して、確認することも選択肢の1つです。現在は法務局に直接出向かなくても、登記事項証明書を郵送してくれるサービスがあるので、以前よりも調査するのはラクになりました。

---

point

☑ 失敗しないためにも、事前に許認可事業の該当は調べる
☑ 「3つの方法」から自分にあったものを選ぶ

06 本店所在地を決めよう

「本店所在地」とは、会社の住所のことです。本店所在地とする場所には、大きな制限はありません。きちんと住所が把握できれば、集合住宅でも自宅でもテナントでも、どこでも本店所在地として登記することができます。

01 本店所在地の決め方

　株式会社の本店を移転した場合には、登記の変更手続きが必要になります。同じ法務局の管轄内での本店の移転は3万円、管轄外への移転は6万円の登録免許税がかかります。したがって、あまり移動しない場所を本店所在地にしたほうが、将来的にも費用を抑えることにつながります。長い目で見て、本店所在地は決めましょう。個人で引っ越した場合と同様、法人の移転も手続きは大変です。

めったに移動しない場所で登記する

　例えば、集合住宅などの賃貸物件に住んでいて、そこを会社の本店所在地にしている場合は、自宅を引っ越すときに会社の移転手続きも行わなければなりません。そこで、移転する可能性の低い自分の実家などを会社の本店所在地にしておけば、自宅を何度引っ越しても移転手続きは不要になります。ただし実際、実家に住んでいないのであれば、両親や親族に必ず話を通しておく必要はありますし、許認可や銀行口座開設などで不都合が生じてしまいます。

　また、賃貸物件を本店所在地として登記する場合には、オーナー（貸主・家主）の許可を得ておくことも重要です。特に公営住宅などは禁止されていることもあるので、必ず確認しましょう。同意を得ずに黙って登記をすると、契約解除や退去にもつながりますので、絶対に行わないようにしてください。

補助金や助成金を視野に入れる

　補助金や助成金などの地方公共団体の制度を調べてから決めるのも、1つの方法です。各地方公共団体によっては、企業を助成する制度に差があります。地方によっては、ひとを呼び込むための制度などもあり、場所や時間に融通が利くひとは一考の余地があります。

　複数の都道府県で設立が検討できる場合、あるいはこれから事務所を借りる場合などは、地方公共団体の制度をチェックしましょう。その際、自社で使えそうな制度がある場合には、その管轄の住所を本店所在地にすることも1つの方法です。とはいえ、本店所在地は無理のない範囲で決めるほうが無難です。補助金や助成金ありきの計画は頓挫することが多いので、よく考えてから判断しましょう。

02　定款上の本店所在地を決めるポイント

　本店所在地が決まったら、「定款上の本店所在地」の書き方を決めましょう。定款には、「当会社は、東京都新宿区に置く。」と最小行政区画を記す方法と、「当会社は、東京都新宿区新宿三丁目〇番〇号に置く。」と具体的な住所まで記載する方法があります。どちらの書き方がいいかは、一長一短です。最小行政区画までにしておくと、同じ管轄内での移転（新宿三丁目から西新宿五丁目への移転など）ならば、定款を変更しなくて済みます。

　最小行政区画までの定款のほうが一般的であり、また設立後の定款変更の可能性をできるだけ少なくするなどの理由から、本書では「最小行政区画」まで定款に記載する方法を採用しました。

point

☑ 先を見据えた本店所在地を考えよう
☑ 補助金や助成金は地域によってサービス・制度に違いがある

07 事業年度を決めよう

会社は1年ごとに会計の区切りを付けます。この区切りを「事業年度（決算期）」といい、自由に決められます。よく耳にする「3月決算」とは、「4月1日から翌年の3月31日まで」の1年間を事業年度としていることをいいます。ここでは、事業年度について見ていきましょう。

01　事業年度を決めるのは自由

　決算（事業年度）は、特に理由がなければ年1回に設定しましょう。もちろん、年2回から3回に設定することも可能ですが、特別な理由がなければ、煩雑な決算作業は最低限必要な年1回がベストです。事業年度は自由に決めることができます。毎年4月1日から翌年3月31日でも、毎年8月1日から翌年7月31日でも問題ありません。

　ただし、会社の決算を3月に設定した場合、例えば2月20日に設立すると、初年度は同年の3月31日までになります。2月20日から3月31日までは約1カ月半くらいですが、初年度の事業年度はそこまでになります。

　したがって、売上があろうとなかろうと、初年度である2月20日から3月31日までの決算申告をする必要があります。そこで、会社設立月の直前の月を決算期にすると、初年度の決算手続きを先延ばしすることができます。

　例えば、2月20日に登記するのであれば、「2月1日から翌年1月31日」を事業年度と設定します。とにかく、初年度の決算をなるべく先延ばししたい場合は、このように設立する月を目安にして事業年度を決めましょう。実際、この方法を採用して決算期を決める会社は多いです。

2月決算にする場合は書き方に注意

　2月決算にする場合は、書き方に少し注意が必要になります。2月

は4年に一度「うるう年」がありますので、定款を作成する場合は、「毎年3月1日から翌年2月28日まで」ではなく「毎年3月1日から翌年2月末日まで」と記載しなければなりません。これは、公証役場で定款をチェックしてもらうときに指摘を受けることが多い箇所でもあります。

繁忙期を決算期にしない

自分のビジネスに繁忙期がある場合はなるべくその時期を避けて、比較的忙しくない時期が決算期になるように、事業年度を決めましょう。忙しくてきちんと決算手続きができず、申告漏れになるような事態は絶対に避けるべきです。また、事業年度の2カ月後が法人税の申告期限になりますので、繁忙期と申告期限が重ならないように調整しましょう。

専門家の意見も参考にする

株式会社の税務会計を税理士などの専門家へお願いする場合、その専門家の意向は聞いておきましょう。

もちろん、3月決算ならば3月決算と決めてしまってからでも、お願いすれば引き受けてはもらえますが、3月を事業年度にする会社が非常に多いことと、個人の確定申告の期限（3月15日）が重なりますので、税理士も非常に忙しい時期です。そのため、少し時期をずらしたほうがスムーズに手続きを進められる場合もあるでしょう。可能ならば、あらかじめ税理士に相談することをおすすめします。

point

☑ 事業年度特有の定款記載のルールを知る
☑ 決算手続きを想定して事業年度を決定する

08 | 会社の機関設計をしよう

会社の役員構成などを決めることを「機関設計」といいます。この機関設計にはたくさんのパターンがありますが、シンプルに会社をつくるために、本書では大きく3パターンに分類しました。みなさんの状況に応じて、最適なものを選択してください。

01 完全に自分ひとりで会社を設立する

　会社を設立しようと考えたとき、最初に想定するのは次のパターンでしょう。

「自分ひとりで資本金を出し、自分ひとりで取締役に就任するパターン」です。個人で事業をしていたひとが株式会社を設立する場合や、小さなビジネスをひとりではじめる場合などにあてはまります。

　この場合、取締役は1名ですので、自動的にその取締役が代表取締役になり、取締役会は設置しないことになります。一番シンプルで、簡単な会社のつくり方だといえるでしょう。

02 複数名で会社を設立する

　次は、「自分ひとりだけではなく、複数名の取締役で取締役会を設置しないパターン」です。小さな会社をシンプル＆スピーディに経営したい、というひとに向いています。

　個人でビジネスを行っていたひとが株式会社を設立して法人化するときに、配偶者を役員に就任させる場合や、共同出資を行って複数名でビジネスをはじめる場合などがあてはまるでしょう。

　なお、取締役が2名以下の場合は法律の要件を満たすことができず、取締役会を設置することはできません。取締役会を設置する場合には、最低3名の取締役が必要になります。加えて、取締役とは別に監査役が1名必要です。

03 取締役3名、監査役1名、取締役会を設置する

最後に考えられるのが、「従来の取締役3名と監査役1名で取締役会を設置するパターン」です。株式の譲渡制限を設定した会社の取締役会の設置は任意ですが、しっかりとした合議制のシステムをつくりたいという場合には設置すべきです。

取締役会を設置するには、最低、取締役3名、監査役1名が必要になります。とはいえ、現在、このパターンから設立する会社は少なくなっています。

04 大会社ならではの機関設計もある

ここまで紹介した役員や機関以外にも、取締役と共同して計算関係書類を作成する「会計参与」、大会社などで会社の計算書類などの会計監査をする「会計監査人」、複数の監査役で組織された「監査役会」、「指名委員会・報酬委員会・監査委員会」という三委員会を設置する「指名委員会等設置会社」など、さまざまな機関設計がありますが、基本的には「株主総会」「取締役」「取締役会」「監査役」だけを覚えておけばいいでしょう。

代表的な機関設計

機関設計	必ず置く機関
取締役会非設置	株主総会＋取締役
取締役会非設置＋監査役設置	株主総会＋取締役＋監査役
取締役会設置	株主総会＋取締役会＋監査役

point

☑3つの機関設計から、自分にあったものを選ぶ
☑取締役会設置会社にする場合には、最低4人必要になる

09 資本金の額を決め、株主を決定しよう

株式会社にする場合、設立するにあたり株式を発行します。原則として、株式の総額が資本金になります。ここでは、資本金を決めるため1株の価格の設定方法や現物出資のルールなど、資本金と株式について解説していきます。

01 資本金の決め方

対外的信用から資本金額を決める

1つは、「対外的信用という視点から資本金額を決定する方法」です。資本金は登記事項証明書に記載されるため、資本金が多ければ多いほど、会社の対外的な信用度合いは高くなります。特に、大手企業や上場企業を相手に取引する場合は、ある程度の資本金を持っていなければビジネスそのものが成立しない可能性もあります。

運転資金から資本金額を決める

もう1つの決め方は、「必要な運転資金から逆算して決める方法」です。例えば、1カ月分の経費を計算し、その約6倍、つまり半年程度の運転資金を資本金として用意します。

こうしておくことにより、すぐに資金が底をつき、個人が会社に貸し付けたりするようなことはなくなります。このような方法で、資本金の額を決めるのも考慮してみましょう。

現物出資をする

資本金は現金だけではなく、自動車やパソコンなどの「もの」で出資することも可能です。このように、「もの」を資本金として出資することを「現物出資」といいます。

現物出資は、金銭出資のみで設立する場合に比べて、作成する書式の枚数が増えるので注意が必要です。現物出資の詳細については、

Part1 の 102ページ 、 124ページ 、 134ページ を参照してください。

02 1株の価格を決め、株主を決定する

1株の価格を決める

　資本金の額が決定したら、1株あたりの価格を決めます。一般的には、1株の価格を1万円とするケースが多いので、特にこれといった理由がなければ、1万円を1株の価格とすればいいでしょう。

　ただし、将来的に上場させる予定やVC（ベンチャーキャピタル）などから出資を募る可能性がある場合は、1株あたりの価格が低いほうが株を発行しやすくなるので、1株10円や1円のほうが好ましい場合もあります。

株主を決定する

　1株の価格を決めたら、発起人が何株引き受けるのかを決定します。発起人が1名の場合、「1株の価格×発行株式＝資本金の総額」となり、株主はその発起人ひとりだけになります。

　複数の発起人がいる場合は、それぞれ引き受ける株数を決定します。資本金の額を決定する前に1株の価格を決めてしまい、それぞれ何株ずつ引き受けるかによって、資本金の額を決定してもいいでしょう。その後、それぞれ出資する金額を銀行などの金融機関に入金します。ただ、実際に資本金を入金するのは、定款作成後になりますので、この段階では「資本金額」と「誰が何株を引き受けるのか」を決定しておきます。

point

☑ 資本金の額は運転資金と考える
☑ 1株の価格はケースバイケースで考える

10 | 必要な書類を集めよう

株式会社の設立には、発起人や取締役の「印鑑登録証明書」が必要になります。印鑑登録がまだの方は、早めに住所がある市区町村役場で印鑑登録を済ませ、会社の基本事項が決定したら印鑑登録証明書を取得しましょう。

01　印鑑登録証明書を用意する

「印鑑登録証明書」とは、市区町村役場で発行してもらい、登録した印鑑が本人の実印であることを証明するものです。印鑑登録証明書の発行には、事前に印鑑登録が必要となります。登録する印鑑は、「印影の大きさが一辺の長さ8mm以上の正方形より大きく、一辺の長さ25mm以内の正方形を超えない」という規定があるので注意してください。また、自治体によっては登録する印鑑や印影に条件がある場合もありますので、これから印鑑登録される方は印鑑を用意する前に自治体のウェブサイトなどで確認することをおすすめします。

　ちなみに設立のための書類には、原則として、この登録した印鑑、すなわち実印を使用することになります。

　印鑑登録証明書が必要なひとは、原則として発起人全員と取締役になるひとです。株式会社の設立では、作成した定款を公証役場で認証してもらう手続きがあります。その際に、発起人全員の印鑑登録証明書が1通必要になるので、事前に揃えておきましょう。

　また、法務局に登記申請する際にも、取締役の印鑑登録証明書が必要になります。注意点は、発起人と代表取締役が同一人物であっても、定款と登記申請書は書類の提出先が異なるため、印鑑登録証明書が1通ずつ必要になることです。もし、印鑑登録証明書を1通しか取得していない場合は、「原本還付」という手続きにより、印鑑登録証明書の写しを提出することで原本を返却してもらうことができます。印鑑登録証明書の写しに「本書は原本の写しに相違ない。」という奥書

と氏名を署名して、実印を押印する方法になります。

02 印鑑登録証明書の注意すべきポイント

　印鑑登録証明書は、発行から3カ月以内のものが有効です。設立登記申請する日から逆算して、3カ月以上前に発行された印鑑登録証明書は使用できません。3カ月以上前に印鑑登録証明書を発行した場合は、新たに発行してもらう必要があることも覚えておきましょう。

　株式会社の設立手続きのためには、誰の印鑑登録証明書が何通必要なのかを確認することをおすすめします。マイナンバーカードを持っていれば、コンビニエンスストアでも印鑑登録証明書が取得できる自治体も多いので、以前に比べると印鑑登録証明書の取得も負担ではなくなりました。

印鑑登録証明書の例

印 鑑 登 録 証 明 書

登 録 印 影	氏　　名	横 須 賀　輝 尚
	生年月日	昭和54年7月4日
	住　　所	東京都渋谷区大岡山二丁目3番4号
	備　　考	

この写しは、登録されている印影と相違ないことを証明します。

　令和○年○月○日　　　　渋谷区長　○○　　○○

point

☑ 印鑑登録がまだの場合は早めに印鑑登録を済ませよう

☑ 発行から3カ月を過ぎた印鑑登録証明書は使用できない

11 会社の印鑑をつくろう

商号が決まり、問題なく商号が使えることがわかったら、会社の印鑑を
つくりましょう。会社印には、一般的に3点セットと呼ばれる「会社代
表者印」「銀行印」「角印」があります。ここでは、印鑑について見ていき
ましょう。

01 会社に絶対必要な「会社代表者印」

　株式会社を設立するときに、絶対につくらなければならない印鑑が
「会社代表者印」です。これは会社の「実印」と呼ばれるものです。
法務局へ提出する登記申請書類と一緒に、この「会社代表者印」の届
出を行い、株式会社の実印が登録されます。

　「会社代表者印」は、株式会社設立後も使用する印鑑です。契約書を
交わすときや、法人名義で何か高価な物を購入するときなどに、契約
書や申込書に押す印鑑は、この「会社代表者印」です。「会社代表者
印」と記載しましたが、株式会社の場合は「代表取締役印」と呼ぶこ
ともあります。印鑑の名称に決まりはありませんが、いわゆる会社用
の実印ということでご理解ください。

02 資金の出し入れには「銀行印」

　「銀行印」は、銀行で株式会社の法人口座を開設するときや、銀行取
引などのときに使用します。これは「会社代表者印」で兼ねてしまっ
ても構いませんが、万が一、紛失してしまうと大変なことになってし
まいます。

　なぜならば、1つの印鑑で勝手に契約を交わされたり、預貯金が引
き出されたりしてしまう可能性があるからです。こうした被害を防ぐ
ためにも、できれば「会社代表者印」とは別に、「銀行印」をつくるよ
うにしましょう。

03 請求書などで大活躍する「角印」

　もう1つ、「会社代表者印」「銀行印」とは別に、請求書の発行や送付状などで使用するための「角印」をつくります。「角印」は、法律的には必ずしもつくる必要はありませんが、日常業務専用に使う印鑑を用意していたほうが、大変便利です。いわゆる会社用の認印です。

　これらの印鑑は、販売店によって値段や材質、文字のデザインなどが違います。これからずっと使っていく大事なものですから、納得のいく印鑑をつくってください。

業務で使う印鑑の種類

❶会社代表者印

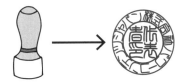

❷銀行印

❸角印

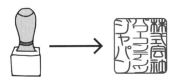

point

☑ 「会社代表者印」は必ずつくる
☑ 「銀行印」と「角印」もつくっておこう

12 書類の提出先を調べよう

登記手続きの準備ができたら、登記手続きに関係する役所を確認しましょう。株式会社設立に関係する役所は、「公証役場」と「法務局」です。身近のどこにあるのかを、事前に調べておきましょう。

01 公証役場を調べる

　印鑑の準備ができたら、「公証役場」を調べましょう。公証役場は定款認証の際に利用する役所で、各都道府県にあります。定款の認証を受ける公証役場は、会社の本店所在地と同じ都道府県にある公証役場を利用しなければなりません。よって、本店所在地と同じ都道府県内にある公証役場であれば、どこでもいいということになります。例えば、東京都に会社をつくるならば、都内にある公証役場であれば、渋谷の公証役場でも池袋の公証役場でも、東京23区外の立川や吉祥寺の公証役場でも、どこでもいいのです。

　つまり、会社の本店と同一の都道府県で、最寄りの公証役場を探せばいいということです。実際に、公証役場を選ぶときは、次の公証役場のウェブサイトを利用すると便利です。公証役場によってはメール対応が可能だったり、複数の公証人がいたりと対応はさまざまです。

○日本公証人連合会ホームページ
http://www.koshonin.gr.jp/

02 法務局を調べる

　次に、設立登記の書類を提出する「法務局」を調べます。法務局は「登記所」とも呼ばれますが、公証役場とは違って管轄が決められています。したがって、会社の本店所在地になる住所を管轄する法務局を事前に調べて、場所を確認しておきます。法務局のウェブサイトで

は、会社の所在地を管轄する法務局を検索できます。法務局は、くれぐれも間違えないようにしましょう。

○法務局ホームページ
https://houmukyoku.moj.go.jp/homu/static/index.html

03 失敗しないために

　本書のとおりに作成すれば、ほぼ間違いなく会社設立に必要な書類を作成することができます。とはいえ、地域によって運用が異なることもあります。「会社を設立するために役所を何度も往復した」という話はよく聞きますが、必要最低限の往復を最初にしてしまうのが、失敗しない一番確実な方法です。特に、設立書類を作成するときは、役所に確認をとったほうが間違いないので、一度役所を訪れて相談してみましょう。その際、対応してくれた担当者の名前は必ずメモに控えておきます。担当者がわからないと、後日「言った言わない」の水掛論になることもあります。

設立書類を作成する前に役所で相談すること

役所	相談内容
法務局	商号・事業目的の相談
公証役場	定款の内容、記載の仕方を相談

　なお、法務局へ行った際には、「印鑑届書」と「印鑑カード交付申請書」を取得します。書き間違えたときのために、申請書類は少し多めにもらっておくようにしましょう。また、法務局のホームページからダウンロードすることも可能です。

> **point**
> ☑ 管轄の公証役場、法務局を調べよう
> ☑ 役所は徹底活用しよう

印鑑登録証明書に記載されている
住所・氏名の表記に注意

　意外と見落とされがちなポイントとして、印鑑登録証明書の記載があります。自分自身の印鑑登録だから、全部知っているつもりのひとがほとんどだと思いますが、見落としているひとも多いので気を付けましょう。

　発起人や代表取締役などの住所や氏名は、基本的に印鑑登録証明書の記載内容をそのまま使用します。例えば、「三丁目」などの漢数字もそのまま書類に反映させます。アラビア数字で問題ない場合もありますが、同じ表記にしておくほうがいいでしょう。

　特に何が問題になるかというと、まずは「氏名」です。漢字は同じ読み方でも、漢字が違うことはよくあることです。例えば「斉藤」と「齊藤」、「齋藤」と「斎藤」などでも問題なく通じる場合もありますが、万が一のことを考えれば、氏名の漢字もチェックしておく必要があります。

　また、氏名の漢字には旧字を使用していることもあるので、事前によく確認しましょう。

　その他に多いのが、住所の記載ミスです。よくあるのがマンション名や号室を書いた書類を作成して準備したものの、印鑑登録証明書にはマンション名などの記載がなかったという場合です。この場合、書類と印鑑登録証明書の内容が一致しないので、作成し直しや訂正が必要になることもあります。

　会社設立の手続きでは、些細なミスが原因で書類のつくり直しを何度もすることがあります。こういった細かな点にも気を配って、会社設立手続きを着実に進めていきましょう。

第4章
定款を作成して
認証を受ける

01 公証役場に行く必要がなくなった

株式会社をつくる場合、公証役場で定款の認証が必要でしたが、平成31年（2019年）3月からテレビ電話による電子定款の認証が可能になりました。これまでは公証役場に行って、公証人の面前での認証が必要でしたが、必ずしも行く必要はなくなりました。

01 公証役場での定款認証

　　株式会社を設立する場合、公証役場での定款の認証は必要な手続きです。これまで、定款の認証のためには、公証役場に直接行って手続きを踏む必要がありました。ただ、遠方の公証役場や平日しか開いていない公証役場へ行くことは、利用者にとっては少し不便でした。それが平成31年（2019年）3月、電子署名が普及してきたことにより、テレビ電話による定款の認証が認められることになりました。

「日本公証人連合会」のウェブサイト

（「日本公証人連合会」、https://www.koshonin.gr.jp/）

02 テレビ電話による定款の認証

　公証役場の場所が、自宅や職場から近いのであれば出向いたほうが早い場合もあります。とはいえ、必ずしも近いところに公証役場があるとは限りません。都心の場合は公証役場の選択肢も複数ありますが、地方の場合は県に2、3箇所ということも少なくありません。

　自宅は賃貸マンションだから本店所在地にできないなどの事情で実家を本店にする場合、遠方の公証役場に認証の手続きを依頼することもあります。このような場合には、テレビ電話による定款の認証が非常に便利です。また、なかなか平日にまとまった時間を取れない方や、交通費がかかってしまう方にはうってつけの方法です。ただし、資料の郵送や事前の確認などが必要なため、急を要する会社設立の場合は設立日までに間に合わない可能性もあるため、注意してください。

03 テレビ電話による認証は電子定款のみ

　テレビ電話による認証が認められるのは、電子定款による認証のみの場合になります。これまでのいわゆる書面による定款の場合は、公証役場に直接出向いて、対面による認証が必要となりますので注意してください。

　書面による定款認証の場合は、印紙税として4万円の収入印紙を貼付する必要があります。会社設立費用をなるべく抑えたい場合は、電子定款で定款を作成することをおすすめします。本書では、電子定款による認証についても触れています。なお、スタートアップ支援のため、定款作成支援ツールを利用した定款認証の新たな取り組みが順次開始されますが、入力する内容などは本書に記載している内容を参考にしていただければ問題なく定款の作成、認証ができます。

point
- ☑ 公証役場に行く必要がなくなった
- ☑ テレビ電話による定款の認証は電子定款のみ

02 オンライン申請で 定款に貼る収入印紙代もゼロに

収入印紙代を抑えるためには、電子定款の作成が必要です。電子定款は オンラインでの申請になります。少し前まで、オンライン申請には電子 証明書が必要なためハードルが高かったのですが、マイナンバーカード のおかげでそのハードルは下がりました。

01 オンライン申請のために、まずはマイナンバーカード

　電子定款の認証のためには電子証明書が必要だったため、自分で会 社をつくる場合には少しハードルが高い手続きが必要でした。しか し、昨今のマイナンバーカードの普及により、個人の電子証明書（公 的個人認証サービス）の取得が容易になり、個人のオンラインでの手 続きが比較的簡単になりました。電子定款の認証の手続きもその1つ になります。マイナンバーカードを作成していない方や、マイナン バーカードは発行済みだけど、電子証明書の発行がまだの方は、お住 まいの市区町村役場で手続きが行えます。

　あらかじめ自治体のウェブサイトなどを確認したうえで、電子証明 書の手続きを行ってください。

「マイナンバーカード総合サイト」のウェブサイト

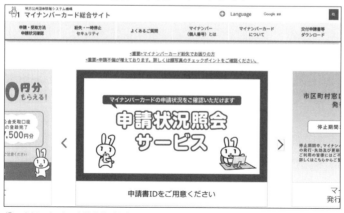

（「マイナンバーカード総合サイト」、https://www.kojinbango-card.go.jp/）

申請用総合ソフトをインストールしよう

　マイナンバーカードと電子証明書を取得しただけで、電子定款の認証ができるわけではありません。公証役場へオンライン申請する場合、「申請用総合ソフト」というソフトウェアが必要になります。下記のウェブサイトからソフトウェアをダウンロードし、パソコンにインストールしてください。また、「操作手引書」というマニュアルもダウンロードできるので、マニュアルで手続きを確認しながら、申請しましょう。

「登記・供託オンライン申請システム」のウェブサイト

登記・供託オンライン申請システム
登記ねっと 供託ねっと

文字サイズの変更 大 中 小

| トップページ | 登記・供託オンライン申請システムとは | 登記ねっと | 供託ねっと | ダウンロード（ソフトウェア）（操作手引書） | オンライン申請ご利用上の注意 | FAQ・お問い合わせ | サイトマップ |

トップページ ＞ ダウンロード(ソフトウェア・操作手引書)

▌ダウンロード（ソフトウェア・操作手引書）

ソフトウェアのダウンロード

　申請用総合ソフトのほか、各手続の申請に必要となるソフトウェアを以下からダウンロードし、ご利用のPCにインストールしてください。
　ご利用の環境によっては、各種設定が必要となります。オンライン申請ご利用上の注意の「お使いの端末／インターネットに関する留意事項」の項目をご確認ください。

≫ ソフトウェアのダウンロード

> 申請用総合ソフト

> PDF署名プラグイン

> 体験版申請用総合ソフト

（「登記・供託オンライン申請システム」、https://www.touki-kyoutaku-online.moj.go.jp/download.html)

第4章
定款を作成して認証を受ける

point

☑ マイナンバーカードを持っていない場合、まずは発行しよう
☑ 電子定款の認証のためには申請用総合ソフトが必要

03 資本金の額によって 定款認証費用を抑えることが可能に

定款認証の費用は、これまで一律5万円という金額でした。それが、令和4年（2022年）1月から資本金の額によって、定款認証の費用が変わることになりました。設立時の資本金の額は非常に重要になるので、費用との兼ね合いを考慮して決めていきましょう。

01 定款認証の費用は資本金の額によって変わる

　定款認証の手続きにかかる手数料は、設立する会社の資本金等の額に応じて、次のように変わります。「100万円未満の場合は3万円」「100万円以上300万円未満の場合は4万円」「その他の場合は5万円」となります（公証人手数料令35条）。

　その他の場合というのは、資本金の額が300万円以上であることは当然含みますが、その他にも定款の文言で注意するところがあります。それは、定款の中で資本金の額を定める際に、「設立に際して出資される財産の価額」と記載することが必要になります。以前は、「設立に際して出資される財産の最低額」と記載するひな型や書式も多かったのですが、最低額と記載するとその他の場合に含まれてしまい、一律5万円の費用になってしまいます。したがって、定款の文言を作成の際には必ず注意してください。認証後に気づいて、あとから返金を求めても、返金には応じてもらえません。

定款認証手数料

設立する株式会社の資本金の額	定款認証手数料
100万円未満	3万円
100万円以上300万円未満	4万円
その他の場合（300万円以上）	5万円

定款認証の費用を抑えるために資本金を少なくしていいか

　資本金の額が少なければ、定款認証の費用は最大2万円抑えることができます。「それなら100万円未満で会社を設立したほうがいいのか」と考えるひとも多いと思いますが、必ずしもそうとは限りません。創業融資を検討する場合は、資本金の額が非常に重要になります。資本金が少ないと融資を受けられる金額も少なくなるからです。

　また、営業するのに許認可が必要な場合、資本金の金額が条件になることもあります。例えば、資本金の要件が最低500万円であるにもかかわらず、定款認証の費用を抑えるために資本金を50万円で設立した場合、原則として営業の許可は下りません。これでは何のために株式会社を設立したのかわからず、本末転倒です。2万円という金額を節約したくなる気持ちはわかりますが、会社経営をするという観点から慎重に検討してください。

資本金の要件がある主な許認可事業

	資本金（自己資本）の額
旅行業	100万円〜3,000万円
建設業	500万円以上
労働者派遣事業	2,000万円以上
有料職業紹介事業	500万円以上
投資運用業	5,000万円以上
投資運用業（プロ向け）	1,000万円以上
経営管理ビザ	500万円以上

point

☑ 資本金の額によって、定款認証の費用は変わる
☑ 安いほうがいいからと安易に資本金の額を下げるのは要注意

04 定款を作成しよう

商号や本店など、株式会社を設立するために必要な基本事項が決まった
ら、早速「定款」の準備をはじめましょう。定款とは、本書の第3章で
決めた会社の基本事項をまとめ、さらに株式会社の運営などのルールを
定めた、いわば「会社の憲法」にあたるものです。

01　失敗しない定款のつくり方

　定款を作成する際には、株式会社の重要事項を決めます。間違いの
ない定款を作成するには、本書に記載したWord形式の書式データを
4ページ の解説に従って、ダウンロードしてください。本書では、
取締役1名の場合、取締役2名の場合に対応しています。

02　定款作成の流れ

　定款の用紙サイズには、法律的な決まりはありません。ただし、現
在ではA4サイズが主流になっているので、A4サイズでの作成をお
すすめします。

　本書に記載したWord形式の書式をダウンロード後、定款のひな型
を印刷します。印刷した定款のひな型に商号や本店所在地など、自分
が設立したい会社にあわせて文言を差し替えていきます。

　差し替え作業が終了したら、それを見ながらパソコンのデータを修
正します。パソコンのデータ修正が済んだら、3部を印刷して製本し
ます。1部は会社で保存する原本、もう1部は公証役場へ提出（保存
される）、最後の1部は法務局に登記申請書類の1つとして提出する
ものです。定款には、すべて押印して製本します。オンライン申請に
よる電子定款の認証の場合は、公証役場に提出する用の1部で構いま
せん。ここまでが、定款作成の流れです。基本的にはひな型の差し替
え作業で済みますが、94ページ に定款作成時の注意点を挙げておき
ますので、参照しながら作成してください。

03 なぜ定款をつくるのか

　本書では、株式会社を設立するために、まずは定款を作成するところからはじめていきます。ここまでステップを踏んできて、勉強熱心な方はすでに定款を完成させているかもしれませんが、念のため、ここでは定款について法律的な解説をしておきたいと思います。会社を設立するうえで、定款は非常に重要なものに位置づけられています。

　定款とは、「会社などの社団法人の組織活動の根本規則」と定義づけられています。簡単にいえば、定款は会社の最も重要な規則を定めたものです。このことから、「会社の憲法」と呼ばれることもあります。定款の内容を変更するためには、株主総会で普通決議ではなく、特別決議の承認を得る必要があることから、定款の重要さがわかるのではないでしょうか。

　なぜ、定款を作らなければならないのかというと、株式会社は「法人」ですから、法律の規定によって成立するものでなければなりません。つまり、株式会社を設立するためには要件が必要になり、そのために定款を作成することになるのです。

　定款は公証役場で認証されて、はじめて会社設立登記に使用できる添付書類になります。認証されていない定款を添付して登記申請を行っても、法務局で却下されます。

　本書は、シンプルな会社を簡単につくることを目的としているので、それにあった形で定款を作成していますが、もしいろいろとこだわって会社を設計したい場合は、定款のみを専門的に解説している書籍もありますので、そちらをご参照ください。

point
- ☑ 定款の全体像を把握する
- ☑ 定款は公証役場で認証する必要がある

05 定款作成時の注意点

本書に記載してある書式を使って作成すれば、定款は完成します。ただ
し、本書に記載してあるのはあくまで一般的な記載ですので、オリジナ
ルの規定を盛り込みたい場合や機関設計を工夫したい場合などは、役所
や専門家に相談して作成してください。

01　定款に記載する内容とは

　定款に記載する事項には、「絶対的記載事項」「相対的記載事項」「任意
的記載事項」の3つがあります。特に、「絶対的記載事項」は絶対的と
されているので、定款にその記載がないとそれだけで無効な定款とな
ります。

絶対的記載事項とは

　定款に必ず記載しなければならない事項を、「絶対的記載事項」とい
います。絶対的記載事項には、「商号」「目的」「本店所在地」「設立に際し
て出資される財産及びその価額」「発起人の氏名及び住所」があります。もちろん、本書定款のひな型にも盛り込まれています。

相対的記載事項とは

　必ず記載しなければならない、というものではありませんが、記載
しないとその効力が生じない事項を「相対的記載事項」といいます。
　相対的記載事項には、「現物出資」「株式の譲渡制限」などがありま
す。本書でおすすめしている譲渡制限会社にする場合は、「株式の譲渡
制限」を定款に記載します。その他「変態設立事項」などの相対的記
載事項もありますが、一般的には、その他の相対的記載事項を盛り込
むことはあまりありませんので、ここではその事項を挙げるのみにと
どめておきます。

任意的記載事項とは

「任意的記載事項」とは、定款に記載してもしなくてもいいという、自由なものです。

「記載しなくてもいい」といっても、公証役場で事前に定款内容を確認してもらうときに、「書いてください」と指示を受けることも多いので、指示どおりに記載してください。

「任意的記載事項」には、「事業年度に関する規定」「定時株主総会の開催の時期」などがあり、「事業年度」「役員の人数」「公告の方法」などを盛り込むのが一般的です。

本書記載の定款には、一般的に使用する任意的記載事項を盛り込んでいるので、そのまま定款に記載されている条項を必要に応じて差し替えれば十分です。

02 オリジナルの定款をつくる場合は注意する

以上のような記載事項をより深く研究し、より自分らしい、自分だけのルールを持った会社を設立することも可能です。

ただし、一般的ではないルールを持った会社をわざわざ設立することが、ビジネスをはじめるうえで得策かどうかは判断しかねるところです。個性の強い定款を作成して、公証役場に確認してもらうときに難色を示されることも多いでしょう。

公証役場も公の職業ですから、前例にないことはあまりやりたがらない傾向にあります。

本書では、問題なく株式会社を設立できるように構成しているので、さらに詳しい記載事項の取り決めなどは、企業法務を専門とする弁護士や司法書士、行政書士などの専門家に相談して決定するのがいいでしょう。

point

☑ 定款に記載する内容に注意しよう

☑ オリジナルの定款を作成する場合は専門家や公証役場に相談しよう

定款

株式会社パワーコンテンツジャパン定款

第1章　総　則

❶会社名を記載する

（商号）

第1条　当会社は、株式会社パワーコンテンツジャパンと称する。

（目的）

第2条　当会社は、次の事業を営むことを目的とする。

1. 経営コンサルティング業
2. インターネットでの広告業務
3. 書籍・雑誌その他印刷物及び電子出版物の企画、制作及び販売
4. 前各号に付帯する一切の業務 ………… ❷最後に必ずこの目的を入れる

（本店の所在地）

第3条　当会社は、本店を東京都新宿区に置く。

（公告の方法）　　　　　　　　❸最小行政区画まで記載する

第4条　当会社の公告は、官報に掲載する方法とする。

第2章　株　式

❹発行可能株式総数を記載する

（発行可能株式総数）

第5条　当会社の発行可能株式総数は、1,000株とする。

（株式の譲渡制限）

❺特にこだわりがなければ株主総会と記載する

第6条　当会社の株式を譲渡により取得するには、株主総会の承認を受けなければならない。

（相続人等に対する売渡しの請求）

第7条　当会社は、相続その他の一般承継により当会社の株式を取得した者に対し、当該株式を当会社に売り渡すことを請求することができる。

（株券の不発行）

第8条　当会社の株式については、株券を発行しない。

（株主名簿記載事項の記載又は記録の請求）

第9条 当会社の株式取得者が株主名簿記載事項を株主名簿に記載又は記録することを請求するには、株式取得者とその取得した株式の株主として株主名簿に記載され、若しくは記録された者又はその相続人その他の一般承継人が当会社所定の書式による請求書に署名又は記名押印し、共同して請求しなければならない。

2 前項の規定にかかわらず、利害関係人の利益を害するおそれがないものとして法務省令に定める場合には、株式取得者が単独で株主名簿記載事項を株主名簿に記載又は記録することを請求することができる。

（質権の登録及び信託財産の表示）

第10条 当会社の株式につき質権の登録又は信託財産の表示を請求するには、当会社所定の書式による請求書に当事者が署名又は記名押印して提出しなければならない。その登録又は表示の抹消についても同様とする。

（手数料）

第11条 前二条に定める請求をする場合には、当会社所定の手数料を支払わなければならない。

（株主の住所等の届出）

第12条 当会社の株主及び登録株式質権者又はその法定代理人若しくは代表者は当会社所定の書式により、その氏名又は名称、住所及び印鑑を当会社に届け出なければならない。届出事項に変更を生じたときも、その事項につき、同様とする。

（基準日）

第13条 当会社は、毎事業年度末日の最終の株主名簿に記載又は記録された議決権を行使することができる株主をもってその事業年度に関する定時株主総会において権利を行使することができる株主とする。

2 前項のほか必要があるときは、取締役の過半数の決定によりあらかじめ公告して臨時に基準日を定めることができる。

第3章　株主総会

（株主総会決議事項）

第14条 株主総会は、会社法に規定する事項及び株式会社の組織、運営、

定款

　　管理その他株式会社に関する一切の事項について決議をすることができる。
（招集）
第15条　定時株主総会は、毎事業年度の終了後3カ月以内に招集し、臨時株主総会は必要がある場合には、いつでも招集することができる。
（招集手続）
第16条　株主総会を招集するには、株主総会の日の3日前までに、議決権を行使することができる株主に対して招集通知を発するものとする。
2　前項の招集通知は書面ですることを要しない。
3　第1項の規定にかかわらず、株主総会は、その総会において議決権を行使することができる株主の全員の同意があるときは、招集の手続きを経ることなく開催することができる。
（招集権者及び議長）
第17条　株主総会は、法令に別段の定めがある場合を除くほか、取締役の過半数をもって決定し、取締役社長が招集する。ただし、取締役社長に事故があるときは、あらかじめ取締役の過半数をもって定めた順序により、他の取締役が招集する。
2　株主総会において、取締役社長が議長となる。ただし、取締役社長に事故があるときは、あらかじめ取締役の過半数をもって定めた順序により他の取締役が議長となる。
（決議の方法）
第18条　株主総会の決議は、法令又は定款に別段の定めがある場合を除き、議決権を行使することができる株主の議決権の過半数を有する株主が出席し、出席した当該株主の議決権の過半数をもって行う。
2　会社法第309条第2項に定める決議は、議決権を行使することができる株主の議決権の過半数を有する株主が出席し、出席した当該株主の議決権の3分の2以上にあたる多数をもって行う。
（株主総会の決議等の省略）
第19条　取締役又は株主が株主総会の目的である事項について提案をした場合において、当該提案につき株主（当該事項について議決権を行使することができるものに限る。）の全員が書面又は電磁的記録により同意の意思表示をしたときは、当該提案を可決する旨の株主総会の決議があったものとみなす。

2　取締役が株主の全員に対して株主総会に報告すべき事項を通知した場合において、当該事項を株主総会に報告することを要しないことにつき株主の全員が書面又は電磁的記録により同意の意思表示をしたときは、当該事項の株主総会への報告があったものとみなす。

（議決権の代理行使）

第20条　株主が代理人をもって議決権を行使しようとするときは、その代理人は1名とし、当会社の議決権を有する株主であることを要する。

2　前項の場合には、株主又は代理人は、代理権を証する書面を株主総会ごとに提出しなければならない。

（株主総会議事録）

第21条　株主総会の議事の経過の要領及び結果等は、法務省令で定めるところにより、これを議事録として作成し、議長及び議事録の作成に係る職務を行った取締役がこれに署名若しくは記名押印又は電子署名を行う。

第4章　取締役及び代表取締役

❻「1名以上」としておくのが無難

（員数）

第22条　当会社の取締役は、1名以上とする。

（取締役選任及び解任の方法）

第23条　当会社の取締役の選任及び解任は、株主総会において、議決権を行使することができる株主の議決権の過半数を有する株主が出席し、出席した当該株主の議決権の過半数をもって行う。

2　取締役の選任決議については累積投票によらないものとする。

（任期）　❼2年以上10年以内で定める

第24条　取締役の任期は、選任後10年以内に終了する事業年度のうち最終のものに関する定時株主総会の終結のときまでとする。

2　補欠により選任した取締役の任期は、退任した取締役の任期の満了するときまで、増員により選任した取締役の任期は、その選任時に在任する取締役の任期の満了するときまでとする。

（代表取締役及び社長）

第25条　取締役が2名以上ある場合は、そのうち1名を代表取締役とし、株主総会の決議によってこれを定める。

❽取締役で決めたい場合は「取締役の互選」と記載する

定款

2　代表取締役は、社長とし、会社の業務を執行する。

（取締役の報酬等）

第26条　取締役の報酬、賞与その他の職務執行の対価として当会社から受ける財産上の利益は、株主総会の決議によって定める。

第5章　計　算

（事業年度）

⑨事業年度を記載する

第27条　当会社の事業年度は、毎年4月1日から翌年3月31日までとする。

（剰余金の配当）

⑩事業年度と揃える

第28条　当会社は、株主総会の決議によって、毎年3月31日現在の最終の株主名簿に記載又は記録された株主、登録株式質権者（以下「株主等」という）に対して剰余金の配当を行う。

2　前項に定める場合のほか、当会社は、基準日を定め、その最終の株主名簿に記載又は記録された株主等に対して、剰余金の配当を行うことができる。

（剰余金の配当の除斥期間）

第29条　配当財産がその配当財産の交付の日から満3年を経過してもなお受領されないときは、当会社はその財産の交付義務を免れる。

第6章　附　則

（設立時取締役）

第30条　当会社の設立時取締役は、次のとおりとする。

設立時取締役　　横須賀輝尚

（設立時代表取締役）

⑪印鑑登録証明書のとおりに記載する

第31条　当会社の設立時代表取締役は、次のとおりとする。

東京都渋谷区大岡山二丁目3番4号

設立時代表取締役　　横須賀輝尚

⑫最低額ではなく価額と記載する

（設立に際して出資される財産の価額）

第32条　当会社の設立に際して出資される財産の価額は、金100万円とする。

⑬資本金の額を記載する

（成立後の資本金及び資本準備金の額）

第33条　当会社の成立後の資本金の額は、設立に際して株主となる者が
　　　払込み又は給付をした財産の額とする。

（発起人の氏名及び住所）

第34条　当会社の発起人の氏名及び住所、割当を受ける設立時発行株式
　　　数及び設立時発行株式と引換えに払い込む金銭の額は、次のとおりであ
　　　る。

東京都渋谷区大岡山二丁目3番4号 …… ⓮印鑑登録証明書のとおりに記載する

発起人　横須賀輝尚　100株　金100万円

（最初の事業年度）　⓯発行済株式数を記載する　⓰資本金の額を記載する

第35条　当会社の最初の事業年度は、当会社成立の日から令和7年3月31日
　　　までとする。

⓱一期目の末日を記載する

（定款に定めのない事項）

第36条　本定款に定めのない事項については、すべて会社法その他の法
　　　令の定めるところによる。

　以上、株式会社パワーコンテンツジャパン設立のため、発起人横須賀輝
尚は、電磁的記録である本定款を作成し、これに電子署名をする。

令和6年4月1日 …… ⓲定款の作成日を記載する　⓳紙の定款の場合は実印を押印する

東京都渋谷区大岡山二丁目3番4号

発　起　人　　横須賀輝尚

⓴紙の定款の場合は訂正用の捨印を押印する

06 現物出資があるときの定款

資本金を現金以外の「もの」で出資する場合、定款には現物出資する財産を記載しなければなりません。どのようなものが出資できるのか、価値をどのように評価するのかも含めて、慎重に進めていきましょう。

01　巻末に「定款別表」を載せる

　現物出資をするには、いくつかの方法がありますが、本書では「定款別表」を作成する方法を解説します。

　定款の巻末に「定款別表」という書類を添付します。定款別表には、出資するものの内容をすべて記載しなければなりません。次ページの記載例のように、出資するものについて記載してください。また、定款の「発起人の氏名及び住所」に、以下の文を追加する必要があります。

> 　現物出資をする者の氏名、出資の目的たる財産、その価額及びその者に対して割り当てる設立時発行株式の数は、別表のとおりとする。

　この条文を入れることによって、現物出資が可能になります。不明な場合は公証役場に相談し、詳細を確認しましょう。現物出資の場合、出資するものの評価が重要になります。パソコンを現物出資したいからといって、「このパソコンは100万円くらいの価値があるはずだから、100万円の資本金で設立しよう」としても、税務上は否認される可能性が非常に高いです。ものの価値が適正であるためには評価が重要になり、場合によっては税理士に相談したほうがいいでしょう。

point

☑「定款別表」をつくることで、現物出資ができる
☑「もの」の情報を正確に記載しよう

定款別表

（定款別表）

　現物出資をする者の氏名又は名称、当該財産及びその価額並びにその者に対して割り当てる設立時発行株式の種類及び数は、次のとおりである。

> ❶現物出資財産が特定できるように具体的に記載する

1.　①　現物出資者の氏名又は名称　　横須賀輝尚
　　②　現物出資の財産

> パソコン　メーカー名　型名○○○○○○○○○○
> 製造番号　XXXXXXXXXX

　　③　その価額並びにその者に対して割り当てる設立時発行株式の数

> 金10万円　普通株式　10株

> ❷現物出資分の資本金と割り当てる株式数を記載する

07 定款を印刷し、押印しよう

パソコンで定款を作成したら、印刷します。このとき、定款は両面印刷でも、片面印刷でも構いません。A4サイズで作成する場合は、片面印刷で製本するのが一般的といわれています。特にこだわりがなければ、A4サイズの用紙に片面印刷でもOKです。

01 定款を印刷する

　定款を印刷する用紙ですが、前述のとおり特に制限はありません。文具店などで市販されている普通の用紙でも、高級OA和紙などを使用しても構いません。要は、印刷して読めれば問題ありません。

　ただし、定款は長期保管するものなので、長期保存に適した用紙を選んでください。感熱紙などの経年劣化するものは避けるようにしましょう。電子定款の場合は、謄本は公証役場で発行されるので、こちらから用紙を指定することはできません。どうしても指定の用紙で定款を印刷したい場合は、公証役場と相談して手続きを進めてください。

02 初心者が間違えやすいポイント

　下記のポイントは特に間違えやすいので、注意してください。

・第〇〇条という条項がきちんと順序よくならんでいるか？
書き換えるうちに途中の条項が抜けるので注意
・フォントや行がきちんとあっているか？
書き換えるうちにバラバラになることがあるので注意
・印鑑登録証明書どおりに住所や氏名が記載されているかどうか？
氏名の漢字、住所などはハイフンを使用するなど略して書かない
・1月1日から12月31日を営業年度とした場合、誤って「翌年」の文字を付けてしまっていないか？
年をまたがないのであれば、「翌年」は不要
・2月決算で、2月28日までとしていないか？
2月の場合はうるう年があるので「末日」とする

　定款を印刷したら、本書に記載した定款書式のとおりに、実印で印鑑を押します。これを「押印」といいます。

　なお、「捨印」を押すように指示してありますが、定款が完璧である場合は、捨印がなくても大丈夫です。ただし、公証役場で訂正が入った場合には、捨印がないと訂正ができません。そのため、捨印は押しておいたほうがいいでしょう。実印を持参できるならば、その場で訂正できますが、発起人が多い場合は他の発起人から委任を受けて代表者が公証役場に出向きます。この場合は、代表者以外の印鑑を持参できないので注意してください。また、定款をきれいに作成したい場合は、訂正せずに「作成し直す」こともできます。つまり、公証役場でチェックされたら、一度戻って、すべてを作成し直して再度持って行けばきれいな定款を手元に残すことができます。こういった方法もありますので、余裕のあるひとは試してみましょう。定款の認証は設立時だけです。設立後に変更がある場合は認証が不要なので、そこまでこだわる必要はないかもしれません。

　定款を作成したら、104ページに記載してあるポイントに沿って、何度もチェックしてください。定款の場合、一字でも間違いがあれば訂正が必要になるので、細かい点まで注意しましょう。

　電子定款の場合はPDFファイルで作成していますので、訂正という概念はありません。すべて訂正してから、PDFに変換して、オンライン申請します。

---

point

☑ 定款の作成でも、事前のチェックが失敗を防ぐ
☑ 電子定款の場合は修正ができない

08 | 定款を製本しよう

定款を作成して印刷し、そしてチェックと押印まで終わったら、実際に
製本する作業に移りましょう。定款は前述のとおり、3通作成する必要が
あるので、3通分印刷して押印してください。

01 定款をホチキスでとめる

　押印まで済んだ定款は、文言が抜けている箇所がないかをもう一度
チェックしてから、きちんと揃えて順番に重ね合わせて、左側を2箇
所ホチキスでとめましょう。

　あとから製本テープを貼ることを考えると、やや外側にとめておく
と、きれいに仕上げることができます。

02 定款を製本する

　最後に製本をして仕上げます。製本の仕方には、製本テープを使う
方法と使わない方法の2つがあります。製本テープは、市販されてい
る白い製本テープを使用すればいいでしょう。

　製本テープを使わない方法だと、すべてのページにわたって発起人
全員が実印で契印(ページをまたいで押印すること)を押します。製
本テープが必要ない代わりに、ホチキスでとめてからすべてのページ
に契印するので、大変汚れやすいのが難点です。

　製本テープを使用する方法は、裏表紙にだけ発起人が実印で契印す
ればいいので、とても簡単ですし、仕上がりもきれいです。できれば
製本テープを使って製本しましょう。

　製本テープを使って製本できたら、定款の裏側に、発起人全員が実
印で契印すれば完成です。製本テープを使っての製本方法は、次の
ページの図を参考にしてください。

定款を製本する方法

❶定款を作成し、印刷した書類を重ねる

❷左側をホチキスでとめる

❸ホチキスでとめたうえに、製本テープを貼る

❹裏側に発起人全員で契印する

❺この作業を繰り返して、3部作成する

03　電子定款の場合はどうしたらいいか

　電子定款の場合でも、定款の製本は必要になります。ただし、定款の謄本は公証役場で発行、印刷してくれるので、こちらで印刷する必要はありません。公証役場に提出する用に1部作成して提出します。

---

point

☑ 製本テープをあらかじめ用意しておこう
☑ 左側のやや外側をとじ、製本テープできれいにつくろう

09 「実質的支配者となるべき者の 申告書」を作成しよう

公証役場での定款認証の際、「実質的支配者となるべき者の申告書」の提出が義務となりました。これはいわゆる、暴力団員等による法人の不正使用を未然に防ぐためにはじまった制度です。実質的支配者とは、どのような者を指すのかを見ていきましょう。

01 実質的支配者とは

「実質的支配者」とは、法人の経営を実質的に支配することが可能となる関係にある個人のことをいいます。具体的には、次のとおりです。

---

❶ 設立する会社の50%を超える株式を保有する個人

---

❷ ❶に該当する者がいない場合には、25%を超える株式を保有する個人

---

❸ ❶❷に該当する者がいない場合には、事業活動に支配的な影響力を有する個人

---

❹ ❶❷❸に該当する者がいない場合には、代表取締役

発起人がひとりで株式会社を設立する場合は、①に該当します。つまり、ほとんどの場合は①に該当し、その発起人の人が実質的支配者になります。

02 実質的支配者となるべき者の申告書

公証役場に提出する「実質的支配者となるべき者の申告書」については、次ページにひな型を用意しました。このとおりに、記載してください。

> **point**
> ☑「実質的支配者となるべき者の申告書」の提出が必要
> ☑ 発起人が自分だけの場合は①に該当

実質的支配者となるべき者の申告書（株式会社用）

❶定款認証を依頼する公証役場の名前を記載する

❷認証担当公証人の氏名を記載する

❸設立する会社名を記載する

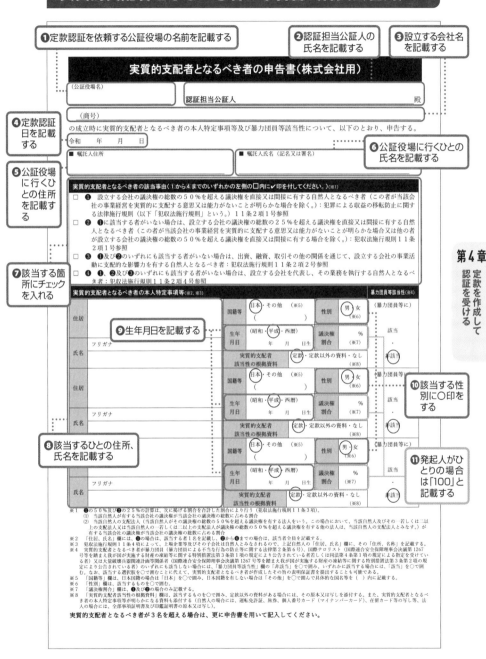

実質的支配者となるべき者の申告書（株式会社用）

（公証役場名）

認証担当公証人　　　　　　　　　　　　　　　　　　殿

（商号）

の成立時に実質的支配者となるべき者の本人特定事項等及び暴力団員等該当性について、以下のとおり、申告する。

令和　　　年　　　月　　　日

■ 嘱託人住所

■ 嘱託人氏名（記名又は署名）

❹定款認証日を記載する

❺公証役場に行くひとの住所を記載する

❻公証役場に行くひとの氏名を記載する

実質的支配者となるべき者の該当事由（①から④までのいずれかの左側の□内に✓印を付けてください。）（※1）

- □ ❶　設立する会社の議決権の総数の５０％を超える議決権を直接又は間接に有する自然人となるべき者（この者が当該会社の事業経営を実質的に支配する意思又は能力がないことが明らかな場合を除く。）：犯罪による収益の移転防止に関する法律施行規則（以下「犯収法施行規則」という。）１１条２項１号参照
- □ ❷　❶に該当する者がいない場合は、設立する会社の議決権の総数の２５％を超える議決権を直接又は間接に有する自然人となるべき者（この者が当該会社の事業経営を実質的に支配する意思又は能力がないことが明らかな場合又は他の者が設立する会社の議決権の総数の５０％を超える議決権を直接又は間接に有する場合を除く。）：犯収法施行規則１１条２項１号参照
- □ ❸　❶及び❷のいずれにも該当する者がいない場合は、出資、融資、取引その他の関係を通じて、設立する会社の事業活動に支配的な影響力を有する自然人となるべき者：犯収法施行規則１１条２項２号参照
- □ ❹　❶、❷及び❸のいずれにも該当する者がいない場合は、設立する会社を代表し、その業務を執行する自然人となるべき者：犯収法施行規則１１条２項４号参照

❼該当する箇所にチェックを入れる

実質的支配者となるべき者の本人特定事項等（※2、※3）　　　　暴力団員等該当性（※4）

住居		国籍等	日本・その他　（※5）（　　　）	性別	男・女（※6）	（暴力団員等に）
		生年月日	（昭和・平成・西暦）年　月　日生	議決権割合	％（※7）	該当 ・ 非該当
氏名	フリガナ	実質的支配者該当性の根拠資料	定款・定款以外の資料・なし（※8）			

❾生年月日を記載する

住居		国籍等	日本・その他　（※5）（　　　）	性別	男・女（※6）	（暴力団員等に）
		生年月日	（昭和・平成・西暦）年　月　日生	議決権割合	％（※7）	該当 ・ 非該当
氏名	フリガナ	実質的支配者該当性の根拠資料	定款・定款以外の資料・なし（※8）			

住居		国籍等	日本・その他　（※5）（　　　）	性別	男・女（※6）	（暴力団員等に）
		生年月日	（昭和・平成・西暦）年　月　日生	議決権割合	％（※7）	該当 ・ 非該当
氏名	フリガナ	実質的支配者該当性の根拠資料	定款・定款以外の資料・なし（※8）			

❽該当するひとの住所、氏名を記載する

❿該当する性別に○印をする

⓫発起人がひとりの場合は「100」と記載する

※1　❶の５０％及び❷の２５％の計算は、次に掲げる割合を合計した割合によって行う（犯収法施行規則１１条3項）。
(1)　当該自然人が有する当該会社の議決権が当該会社の議決権の総数に占める割合
(2)　当該自然人が当該会社の支配法人（当該自然人がその議決権の総数の５０％を超える議決権を有する法人をいう。この場合において、当該自然人及びその一若しくは二以上の支配法人又は当該自然人の一若しくは二以上の支配法人が議決権の総数の５０％を超える議決権を有する他の法人は、当該自然人の支配法人とみなす。）が有する当該会社の議決権が当該会社の議決権の総数に占める割合
※2　「住居、氏名」欄には、❶の場合は、議決権を有する１名を記載し、❷から❹までの場合は、該当者全員を記載する。
※3　犯収法施行規則１１条4項によって、当該法人の実質的支配者となるべき者である上場会社等の子会社は自然人とみなされるので、上記自然人の「住居、氏名」欄に、その「住所、名称」を記載する。
※4　実質的支配者となるべき者が暴力団員（暴力団員による不当な行為の防止等に関する法律第2条第6号）、国際テロリスト（国際連合安全保障理事会決議第1267号等を踏まえ我が国が実施する財産の凍結等に関する特別措置法第3条第1項の規定により公告されている者若しくは同法第4条第1項の規定による指定を受けている者）又は大量破壊兵器関連計画等関係者（国際連合安全保障理事会決議第1267号等を踏まえ我が国が実施する財産の凍結等に関する特別措置法第3条第2項の規定により公告されている場合には、「暴力団員等該当性」欄の「非該当」を○で囲み、いずれかに該当する場合には、「該当」を○で囲む。なお、該当する選択肢を○で囲むことに代えて、実質的支配者となるべき者が作成したその旨の表明保証書を提出することも可能である。
※5　「国籍等」欄は、日本国籍の場合は「日本」を○で囲み、日本国籍を有しない場合は「その他」を○で囲んで具体的な国名等を（　　）内に記載する。
※6　「性別」欄は、該当するものを○で囲む。
※7　「議決権割合」欄は、❶及び❷の場合のみ記載する。
※8　「実質的支配者該当性の根拠資料」欄は、該当するものを○で囲み、定款以外の資料がある場合には、その原本又は写しを添付する。また、実質的支配者となるべき者の本人特定事項等が明らかになる資料を添付する（自然人の場合は、運転免許証、旅券、個人番号カード（マイナンバーカード）、在留カード等の写し等、法人の場合には、全部事項証明書及び印鑑証明書の原本又は写し）。

実質的支配者となるべき者が3名を超える場合は、更に申告書を用いて記入してください。

Part 1	Part 2

10 電子定款を作成して オンライン申請をしてみよう

定款を作成したら、いよいよ公証役場への申請となります。電子定款の場合はオンラインによる申請が必要となりますので、オンライン申請のために必要なツールをあらかじめ用意して、進めていきましょう。

01 オンライン申請に必要なもの

オンライン申請による定款の認証のため、次のツールが必要です。

Adobe Acrobat

電子定款を作成するには、Wordで作成した定款をPDFファイルに変換するソフトが必要です。ただ、PDFに変換するだけならMicrosoft365や無料のソフトを利用できますが、電子定款を作成するためには、PDFファイルに電子署名を付与する必要があるのでAdobe Acrobatが必要になります。

PDFファイルに電子署名を付与するにはAdobe Acrobatが必要

登記・供託オンライン申請システム
登記ねっと 供託ねっと

文字サイズの変更 大 中 小

トップページ	登記・供託オンライン申請システムとは	登記ねっと	供託ねっと	ダウンロード（ソフトウェア）（操作手引書）	オンライン申請ご利用上の注意	FAQ・お問い合わせ	サイトマップ

トップページ ＞ オンライン申請ご利用上の注意 ＞ PDF署名プラグインについて

▍PDF署名プラグインについて

　PDF署名プラグインソフトとは、PDFファイルに電子署名を付与するためのソフトウェアです。
　登記・供託オンライン申請システムでは、Adobe Acrobat(注1)をご利用で、かつ、以下の電子証明書をご利用の場合には、登記・供託オンライン申請システムが提供するPDF署名プラグインソフト(以下「PDF署名プラグイン」という。)を使用して、PDFファイルに電子署名を付与することができます。

● 「公的個人認証サービス」発行の電子証明書(注2)
● 「政府認証基盤(GPKI)の政府共用認証局」発行の電子証明書(注2)
● 「地方公共団体組織認証基盤(LGPKI)組織認証局」発行の電子証明書(注2)
● ファイルタイプの電子証明書(注3)

（「登記・供託オンライン申請システム」、https://www.touki-kyoutaku-online.moj.go.jp/cautions/security/pdf_sign_inst.html）

申請用総合ソフト

「申請用総合ソフト」は、法務省が無料で提供しているオンライン申請用のツールです。定款の認証後に、株式会社設立の登記をオンラインで申請する場合にも必要なツールです。マニュアルも充実しているので、インストールしましょう。PDFファイルに電子署名を付与するためのソフト「PDF署名プラグインソフト」も、このウェブサイトからインストールできるので、忘れずにインストールしましょう。

「申請用総合ソフト」のウェブサイト

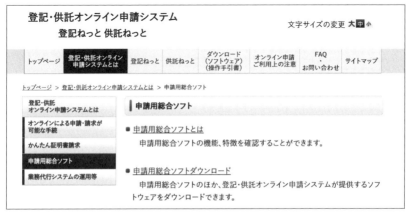

（「登記・供託オンライン申請システム」、https://www.touki-kyoutaku-online.moj.go.jp/whats/sogosoft/summary.html）

第4章 定款を作成して認証を受ける

ICカードリーダライタ

マイナンバーカードに付与された電子証明書（公的個人認証サービス）を利用する場合、電子証明書を読み出すためのツールとしてICカードリーダライタが必要になります。マイナンバーカード対応のスマートフォンを、ICカードリーダライタとして利用できる場合も増えてきましたが、その場合は対応機種かどうか必ず事前にチェックしましょう。

> **point**
> ☑ オンライン申請するためには必要なツールがある
> ☑ 電子証明書を読み出すためのツールが必要になる

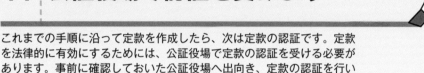

11 公証役場で認証を受けよう

これまでの手順に沿って定款を作成したら、次は定款の認証です。定款を法律的に有効にするためには、公証役場で定款の認証を受ける必要があります。事前に確認しておいた公証役場へ出向き、定款の認証を行いましょう。

01 最終確認をしよう

公証役場に行く前に、「重要な確認事項として定款の絶対的記載事項などがきちんと記載されているかどうか」「誤字脱字がないかどうか」「資本金の額など数字に誤りがないか」「資本金の最低額ではなく、価額となっているか」などをきちんと確認してください。

特に、登記される事項に関しては間違った内容で認証されてしまうと、法務局に申請したあとにその間違いを指摘されて、定款を再作成して認証し直すことになるかもしれません。その場合、費用は別途かかってしまう可能性があります。あとで公証役場に文句をいっても、取り合ってくれない場合が多いので、「これで大丈夫だろう」という素人判断はくれぐれもしないようにしてください。

02 公証役場に行く準備をしよう

公証役場に行く場合には、基本的に電話やメールなどで予約が必要となります。公証役場も時期によっては混んでいる場合がありますので、ギリギリになってしまわないように余裕を持って準備しましょう。時期や混み具合にもよりますが、おおよそ20分から30分で定款の認証は完了します。

公証役場に持って行くものは、押印済みの定款1通（書面による認証の場合は3通）と発起人全員の印鑑登録証明書です。念のために持って行けるのであれば、実印も持って行きましょう。

その他にも、手数料として収入印紙4万円分（電子定款の場合は不

要）、認証手数料として3万円から5万円、謄本交付料として2,000円程度が必要になります。現在はクレジットカードによる支払いも利用できるので、必ずしも現金を持参する必要はありません。定款認証費用がいくらなのかは、あらかじめ確認しておきましょう。ちなみに、定款認証をテレビ電話で行う場合、支払いについては事前に公証役場に確認しましょう。クレジットカード払いが難しい場合もあるので、注意してください。

03 全員で行けない場合は委任状を持って行こう

公証役場には、発起人全員で行くのが原則です。ただし、全員で揃って行けない場合には、「委任状」を作成して提出することで、発起人のうち誰かひとりが代表者になって、認証手続きをすることも可能です。この場合は 114ページ に記載してある委任状の書式を参考に、作成してください。公証役場での認証が終わると、定款の謄本が交付されます。電子定款の場合でも、交付をお願いすることで謄本が発行されます。必要な通数を依頼しましょう。定款の謄本は登記申請に使用します。また、設立後に法人口座を開設する際や、税務署などで設立後に提出する手続きなどにも必要になります。

第4章 定款を作成して認証を受ける

ただし、すべての手続きで謄本の原本を提出する必要はありません。原本を提出してしまうと、そのまま役所や金融機関に回収されてしまいますので、謄本の写しを取り、写しを提出して謄本は返却してもらいます。これを「原本還付の手続き」といい、なるべく定款の謄本は手元に置いておくようにします。万が一、定款の謄本が手元になくなってしまった場合、認証した公証役場で謄本の交付を再度依頼して、取得することは可能ですが、有料なので気を付けましょう。

---

point

☑ 認証の前に、書類と費用をチェックしよう
☑ 発起人全員で行けない場合には、委任状をつくる

委任状（電子定款作成　個人用）

実印

❶ 公証役場に出向く代理人の住所、氏名を記載する

委 任 状（電子定款作成　個人用）

住所

氏名

私は、上記の者を代理人と定め、下記の権限を委任します。

❷ 設立する会社名を記載する

記

1. （法人名）の電子定款を作成し、その認証を公証人に嘱託する手続に関する一切の件。

2. 電子定款の内容は別紙のとおり。

3. 認証を受けた電子定款につき、電磁的記録の保存の請求、書面よる同一情報（謄本）の交付請求及び受領。

4. 実質的支配者となるべき者の申告に関する件。

5. 以上に関連する一切の事項。

❸ 委任者が署名捺印した日を記載する

令和　　年　　月　　日

❹ 発起人本人の住所、氏名を記載する

❺ 個人実印を押印する

（委任者）

住　所

氏　名

第5章
資本金の証明を
作成する

01 資本金を入金しよう

定款の認証を終えたら、次は「資本金の払込証明書」を作成します。資本金を銀行の口座に入金し、記帳した通帳のコピーを使うか、インターネットバンキングの場合は画面のスクリーンショットを、資本金の払込証明書にすることができます。

01 設立パターンに適した添付書類を作成しよう

「資本金の払込証明書」は、会社の資本金が額面どおりであるということを証明するために作成し、添付書類の1つとして法務局へ提出するものです。

資本金の入金先は、発起人個人の銀行口座です。発起人が複数名の場合は、その中から代表者を1名決めて、その代表者の個人名義の口座に入金します。

会社設立用に新規に口座を開設する人もいますが、わざわざ時間と手間をかけて新規に開設する必要はありません。会社を設立したら会社名義の口座を開設し、そちらに資本金を移すことになるからです。

入金する際に、「振り込み」にするべきか、「預け入れ」でもいいのか、についてですが、現在はどちらでも構いません。振込手数料が気になる場合は、預け入れでも問題ありません。ただし、「残高が資本金の金額以上ある」という状態では、登記に使用できません。例えば、資本金が100万円の場合、残高に90万円あるので10万円を入金して残高を100万円にしたからといって、その通帳の写しは不適格となります。必ず、100万円を入金してください。登記申請後はやり直しができないところにもなります。よくある間違いなので、十分に注意してください。

また、発起人が複数名いる場合は、合計が資本金の額と同額となるように注意してください。

資本金の証明をつくる

❶発起人の個人口座を
　用意する

❷発起人全員が口座に資本金となる
　金額を入金する

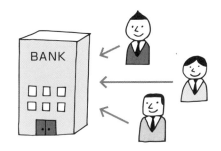

❸通帳のコピーを取る

❹「払込証明書」を作成し、通帳の
　コピーと併せて契印する

point

☑ 発起人の個人口座に資本金の金額を入金しよう
☑ 残高ではないので、気を付けよう

02 資本金の払込証明書を作成しよう

資本金を入金したら、それをもとに資本金の証明となる「資本金の払込証明書」を作成します。払込証明書は、登記申請の際に必ず必要となる書類なので、ここで間違いのないように作成しておきましょう。

01 「払込証明書」を作成しよう

「払込証明書」を作成するには、払込証明書の表紙にあたる部分を作成し、資本金を振り込んだ銀行口座の通帳をコピーします。それらすべてを重ね合わせて、ホチキスでとめれば完成です。

具体的には、まず払込証明書の表紙の部分を作成します。121ページに記載した書式を参考に作成してください。注意点は、払い込みの金額と株式、そして1株の価格があうようにすることです。

払込証明書に記載する日付は、実際に資本金を払い込んだ日付以降の日を記入してください。発起人が複数名で、全員の振込日が異なる場合は、最後に振り込まれた日以降の日を記入してください。

払込証明書は「会社代表者印」で押印します。資本金を入金するのは個人ですが、払込証明書に押す印鑑は、会社代表者印になるので注意しましょう。

念のため、払込証明書にも捨て印は押しておきましょう。

02 書類を併せて製本しよう

払込証明書が完成したら、次に通帳のコピーを作成します。資本金を入金したあとは、通帳のコピーを取ります。通帳をコピーしたあとは、通帳の表紙、通帳表紙の表紙裏面（銀行名、口座番号、名義人が記載されているもの）と、実際に誰がいくら振り込んだのかがわかる振込明細のある面をコピーします。それぞれ別々にコピーしても構いませんし、1枚の用紙に収めても構いません。

次に払込証明書と通帳のコピーを重ねてホチキスでとめます。最後に、払込証明書を製本して、各ページに「会社代表者印」で契印を押すときれいに仕上がります。

　きちんと契印まで済ませたら、払込証明書は完成です。

通帳のコピーの取り方

通帳の3箇所をコピーする

❶ 表紙のコピー

❷ 表紙裏（通帳1ページ目）のコピー

**❸ 振込明細のコピー（振込人と金額が
　きちんと明記されている部分）**

---

point

☑ 金額と株数があうように記載する
☑ 払込証明書に契印を押すことを忘れないのがポイント

払込証明書の製本方法

❶払込証明書と通帳のコピーを
重ねて、左側をホチキスでと
める（定款と同様に2箇所）

❷ページを開いて、「通帳の表
紙のコピー」のページに契印
する

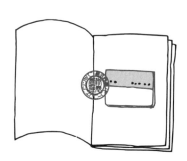

❸次のページを開いて、「表紙
裏のコピー」のページに契印
する

❹次のページを開いて、「振込明
細のコピー」のページに契印
する

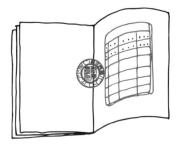

払 込 証 明 書

　当会社の設立時発行株式については以下のとおり、全額の払込みがあったことを証明します。

❶設立時発行株式数を記載する

設立時発行株式数　　100株

払込みを受けた金額　　金100万円

❷資本金の額を記載する

1株の払込金額　　　　金1万円

❸1株の金額を記載する

令和　　年　　月　　日

❹定款認証日から登記申請日までの間の日で記載する

東京都新宿区上原一丁目2番3号

❺本店所在地を記載する

株式会社パワーコンテンツジャパン

設立時代表取締役　横須賀輝尚

❻会社代表者印を押印する

03 通帳がない口座の場合は どうすればいいか

最近は口座開設の際に、そもそも通帳を発行しない金融機関も増えてきました。インターネットバンキングやスマートフォンのアプリで管理する方も多いと思います。通帳がない場合について、払込証明書はどうすればいいのでしょうか。

01 時代の流れとともに通帳は廃止の方向へ

最近の金融機関は、口座開設の際に通帳を作成する必要がなくなりました。ペーパーレス化の流れと経費削減が理由のようです。金融機関によっては通帳を発行する場合、管理料を取るところもあります。紙の通帳ではなく、パソコンやスマートフォンで管理する時代が到来しています。これまでは、資本金の払込証明書として通帳の写しを付けていました。

では、通帳がない場合はどうすればいいのでしょうか。

02 通帳がない場合はスクリーンショットを使用する

インターネットバンキングのウェブサイトやスマートフォンのアプリを利用して、通帳がない場合は、利用しているインターネットバンキングの利用画面のスクリーンショットが通帳の写しの代わりとなります。金融機関によって、ウェブサイトやアプリの情報の記載は異なりますが、スクリーンショットを撮る箇所は基本的には通帳の写しと変わりません。銀行名・支店名・口座名義人・入金欄が記載されているページを撮ります。一枚に収まらない場合は、複数枚にわたってスクリーンショットを撮っても構いません。

金融機関によっては、銀行名を探しても載っていないなど個性がありますので、注意が必要です。

インターネットバンキングのウェブサイト画面

03 法人名義の口座開設は会社設立の登記完了後

　資本金を入金する口座として、新しく設立する会社名義の口座を先に開設しないといけない、と考えるひとがたまに見受けられますが、設立前に法人名義の口座開設をすることはできません。会社は、設立の登記をしないと存在が認められないためです。

　ですので、会社設立の手続きでは便宜上、発起人個人の口座を利用するということになります。法人名義の口座開設は、会社設立の登記が完了したあとに行います。どこの金融機関で口座を開設するか、ウェブサイトやパンフレットなどであらかじめ確認しておくといいでしょう。

point

☑ 通帳を発行していなくても、払込証明書は作成できる
☑ スクリーンショットで必要箇所を撮ろう

04 現物出資の場合の書類作成について

現金ではなく、「もの」を時価に換算して資本金に計上する場合には、「財産引継書」を作成しなければなりません。ここでは、財産引継書の作成方法について解説します。

01 「財産引継書」を作成しよう

　資本金は、「現金」ではなく、「もの」で出資することもできます。これを、「現物出資」といいます。現物出資によって資本金として計上されたものは、現物出資をした本人から、新しく設立する会社に譲渡されます。その際に必要なのが、ここで解説する「財産引継書」になります。財産引継書には、現物出資するものの情報を特定できるように記載します。

　例えば、パソコンを現物出資とするなら、次のように記載します。

> 1. メーカー名
> 2. 型番
> 3. パソコンの名称
> 4. 価格

　なお、現物出資をする場合には、この財産引継書の他に「調査報告書」も必要になりますので、その点も注意してください。現物出資の場合、添付書類や定款の条項が増えますので、手続きが格段に難しくなります。準備は早めにはじめましょう。

point

☑ 現物出資の記載に注意しよう
☑ ものが特定できることが重要

財産引継書

1. 現物出資の目的たる財産の表示

パソコン　メーカー名　型名○○○○○○○○○○
製造番号　XXXXXXXXXX　この価額　10万円

……❶現物出資する財産を記載する。定款の記載と必ずあわせる

　私所有の上記財産を現物出資として給付します。

令和　　年　　月　　日　……❷定款認証日から登記申請日までの間の日を記載する

株式会社パワーコンテンツジャパン発起人　御中

東京都渋谷区大岡山二丁目3番4号
発　起　人　　横　須　賀　輝　尚　

❸個人実印を押印する

第5章
資本金の証明を
作成する

実は便利!?　公証役場

　本書は、はじめて株式会社を設立する人が対象なので、公証役場という役所を知らなかった人も多いかもしれません。

　公証役場とは、公証人が在籍する役所です。公証人とは、国家公務員法上の公務員ではありませんが、国の公務である公証作用を担う、実質的な公務員です。

　公証人の仕事は大きく分けて、「公正証書の作成」「私署証書や会社等の定款に対する認証の付与」「私署証書に対する確定日付の付与」の3種類です。会社を設立する際は、この中の「定款の認証」で公証役場のお世話になります。

　今回は株式会社を設立するので、定款の認証だけをしてもらえばいいのですが、公証役場は便利な役所なので、ぜひ覚えておきましょう。

　公証役場の仕事には、公正証書の作成があります。主な公正証書といえば、公正証書遺言や契約書の公正証書などがあります。公証役場へ行けば、これらの公正証書を作成してくれます。

　公証人はもともと法律のプロですから、契約や遺言、相続などの法的な知識に優れています。

　法的なことで相談するとき、とても頼りになります。しかも役所ですから、無料で回答してもらえます。

　もし、法的な問題、特に相続、遺言、契約関係などで困ったことがあったら、公証役場に相談してみましょう。

　公証役場は定款の認証だけにかかわらず、法的なことで困ったときに頼りになる役所なのです。

第6章
法務局に
登記申請をしよう

01 設立登記申請書を作成しよう

これまで会社の形態ごとに、登記申請書に添付する書類を作成してきました。いよいよ、登記申請書の作成に入ります。ここでは、登記申請書を作成しながら、最終的に必要になる書類などをチェックしていきましょう。

01 設立登記申請書を作成する

　本書に記載した書式を参考にして、「設立登記申請書」を作成し、会社代表者印で押印します。すべての記載を終えたらチェックをし、間違いがなければ登記申請書とは別に、「収入印紙貼付台紙」を用意して、「収入印紙」を貼り付けます。登記申請書の余白部分に直接貼付してもいいのですが、万が一、登記の申請をやり直すことになった際に、収入印紙の再使用が困難になるため、「収入印紙貼付台紙」を別途用意して、貼付するのがいいでしょう。収入印紙は15万円と非常に高価なので、最後まで細かくチェックしてから貼り付けるようにしましょう。収入印紙の貼り付けは、書類を製本した段階で貼り付けても構いません。また、心配な場合は法務局の窓口で貼り付けてもいいでしょう。収入印紙を貼り付けたら、割印をしないように注意しましょう。誤って割印をしてしまうと、登記には使用することができなくなってしまいます。使用済みの収入印紙になってしまっては大きな損をしてしまうので、くれぐれも注意してください。ここまで完了したら、登記申請書の余白に、日中連絡の取れる電話番号を記入しておきます。こうしておけば、補正があった場合に法務局から連絡を受けることができます。

point

☑ 収入印紙貼付台紙を用意しよう
☑ 収入印紙には割印をしないようにしよう

株式会社設立登記申請書

フ リ ガ ナ　　　パワーコンテンツジャパン

1. 商　　　　　号　　株式会社パワーコンテンツジャパン

1. 本　　　　　店　　東京都新宿区上原一丁目2番3号

1. 登 記 の 事 由　　令和　年　　月　　日発起設立の手続き終了

❶定款認証日か資本金の払い込み日かの、いずれか遅い日を記載する

1. 登記すべき事項　　別添 CD-R のとおり

❷添付する電磁的記録媒体を記載する

1. 課税標準金額　　金100万円

1. 登 録 免 許 税　　金15万円

1. 添 付 書 類　　定款　　　　　　　　　　　　　　　　1通

　　　　　　　　　発起人が割当を受ける設立時発行株式の数

　　　　　　　　　　定款の記載を援用する。

　　　　　　　　　払込みがあったことを証する書面　　　1通

　　　　　　　　　発起人の決定書　　　　　　　　　　　1通

　　　　　　　　　設立時取締役の就任承諾書　　　　　　1通

　　　　　　　　　取締役の印鑑登録証明書　　　　　　　1通

上記のとおり登記の申請をします。

令和6年5月1日

❸登記申請書を法務局に持参する日を記載する

　　　　　　　　東京都新宿区上原一丁目2番3号

　　　　　　　　申　請　人　株式会社パワーコンテンツジャパン

東京都渋谷区大岡山二丁目3番4号

❹管轄の法務局を記載する

　　　　　　　　代表取締役　横須賀輝尚

❺会社代表者印を押印する

東京法務局新宿出張所 御中

❻連絡先を記載する

❼捨印を押印する

02 登記申請書の添付書類を作成しよう

取締役が1名の場合は、添付書類として「発起人決定書」と「就任承諾書」を作成する必要があります。定款で決めることで作成を省略できる書類もありますが、本書では作成することを前提に見ていきます。

01 発起人決定書を作成しよう

　定款の中で本店所在地を「東京都新宿区」など、最小行政区画までしか定めていない場合は、発起人決定書の中で具体的な所在地番までを記載します。取締役が複数名いる場合は、取締役の中から代表取締役を選ぶ必要がありますが、定款の中で決めていない場合は発起人決定書に記載します。代表取締役の選定方法については定款で決めることになりますが、設立時は「発起人決定書」の中で決めます。

02 「就任承諾書」を作成しよう

「就任承諾書」も必要になります。役員は会社から委任を受けて経営を行うわけですから、役員になる人の承諾が必要になります。

　就任承諾書に押印する印鑑は個人の実印です。書類によっては、実印を押さなければならない場合と、そうでない場合がありますが、できるだけ実印を使うようにしましょう。小さな会社の場合には、誰が取締役であるかなどは、実際には問題になりにくいかもしれません。しかし、会社の規模が大きくなったり、利益が出てきたりすると、想定していなかった問題が必ず起きてくるものです。取締役の選任と承諾は、規模の大小にかかわらず、慎重に行ってください。

point

☑ 日付・住所・氏名は、すべて正確に記入すること
☑ 個人の押印箇所は実印を押印しよう

発起人決定書

本日、発起人横須賀輝尚は、下記事項につき決定した。

1. 当会社の本店所在場所は、次のとおりとする。

   東京都新宿区上原一丁目2番3号 ……………… ❶本店所在地を記載する

   上記決定事項を証するため、発起人の全員は、次のとおり記名押印する。

   令和　　年　　月　　日 ……………… ❷定款認証日を記載する

                         株式会社パワーコンテンツジャパン
   ……………………… 東京都渋谷区大岡山二丁目3番4号
                              発 起 人　　横 須 賀 輝 尚

   ❸発起人個人の住所を記載する

   ❹個人実印を押印する

第6章
法務局に
登記申請をしよう

131

就任承諾書（取締役のみ）

就　任　承　諾　書

　私は、貴社定款（令和　　年　月　　日認証）において、設立時取締役に
選任されましたので、その就任を承諾します。

❶定款認証日を記載する

令和　　年　　月　　日

❷定款認証日を記載する

東京都渋谷区大岡山二丁目3番4号

横 須 賀 輝 尚

❸印鑑登録証明書の
　とおりに記載する

❹個人実印を
　押印する

株式会社パワーコンテンツジャパン　御中

就任承諾書（取締役及び代表取締役）

就　任　承　諾　書

　私は、貴社定款（令和　　年　　月　　日認証）において、設立時取締役及び
設立時代表取締役に選任されましたので、その就任を承諾します。

❶定款認証日を記載する

　　令和　　　年　　　月　　　日 ❷定款認証日を記載する

　　　　　　　東京都渋谷区大岡山二丁目3番4号
　　　　　　　　　横須賀輝尚

❸印鑑登録証明書の
　とおりに記載する

❹個人実印を
　押印する

株式会社パワーコンテンツジャパン　御中

03　現物出資の添付書類を作成しよう

現物出資の添付書類として、「資本金の額が会社法及び会社計算規則に従って計上されたことを証する書面」と「調査報告書」を作成します。現金のみを出資した場合は不要な書類ですが、現物出資をする場合はそれぞれ必要になる書類です。

01　現物出資をした場合のみ必要な書類

　会社の資本金は、一般的には金銭、いわゆる現金の出資によって行われますが、金銭以外のものを出資することも可能です。個人で使用していた、ある程度価値の高いものを出資するケースが多いようです。「手元の現金だけでは資本金が心許ない」「融資や許認可で資本金を増やしたい」という場合には、検討する価値があります。

　ただし、「どのようなものでも現物出資をできるか」というと、注意が必要です。出資するものはすべて定款に記載する必要があります。出資するものがたくさんあると、定款への記載だけでも作業は大変になります。また、出資するものは金額にすべて換算する必要があるからです。ものの評価は簡単ではありません。実際の価値より高く評価してしまうと課税の対象になる可能性がありますし、低く評価してしまうとそもそも資本金が増えません。現物出資はある程度価値が高いもの、また評価がしやすいものに限定したほうがいいでしょう。

02　「調査報告書」を作成する

　「現物出資」がある場合、取締役や監査役に就任する予定の役員は、株式の引き受けや資本金の払い込みなどについて調査し、報告します。その後、「調査報告書」に内容を記載し、作成します。なお、金銭出資のみの場合は、この調査報告書は不要です。

　調査報告書には、現物出資した財産の価額が相当であることを記載します。137ページの記載例のとおりに現物出資があったことを記載

してください。

　現物出資の具体的な内容は、「財産引継書」125ページ参照に記載します。

03　500万円までの現物出資には特別な検査が必要ない

　500万円までの現物出資は、裁判所などの特別な検査が必要ありません。出資する発起人が妥当な価額を算定します。ただし、500万円を超える現物出資を行う場合には、税理士や公認会計士に評価をしてもらう必要があります。検査を避けるために、明らかに500万円を超えるものなのに、500万円以下と評価して現物出資することだけは絶対にやめましょう。課税の対象になり、思わぬ支出を被る可能性があります。

現物出資を使えば資本金があるように見せられる

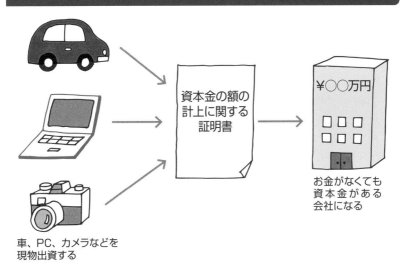

資本金の額の
計上に関する
証明書

¥○○万円

お金がなくても
資本金がある
会社になる

車、PC、カメラなどを
現物出資する

point

☑ 現物出資の場合、必要な書類が増える
☑ ものの評価には十分に注意をしよう

資本金の額の計上に関する証明書

資本金の額の計上に関する証明書

❶金銭出資分の額を記載する

① 払込みを受けた金銭の額（会社計算規則第43条第1項第1号）

金 900,000 円

② 給付を受けた金銭以外の財産の給付があった日における当該財産の価額（会社計算規則第43条第1項第2号）

金 100,000 円

❷現物出資分の額を記載する

③ 帳簿価額を付すべき財産
（会社計算規則第43条第1項第2号イ、ロ）

金 0 円

④ ①＋②＋③

金 1,000,000 円

❸「❶」と「❷」の合計を記載する

⑤ 資本準備金

金 0 円

資本金の額1,000,000円は、会社法第445条及び会社計算規則第43条の規定に従って計上されたことに相違ないことを証明する。

令和　　年　　月　　日

❹本店所在地を記載する

東京都新宿区上原一丁目2番3号
株式会社パワーコンテンツジャパン
代表取締役　　横須賀輝尚

❺会社代表者印を押印する

調査報告書

　私どもは、株式会社パワーコンテンツジャパン（設立中）の設立時取締役に選任され、令和　　年　　月　　日、会社法第46条の規定により下記事項を調査した。

　❶登記申請日より前の日を記載する

1. 定款に定めた現物出資をする者の氏名は横須賀輝尚であり、当該財産及びその価額並びにその者に対して割り当てる設立時発行株式の数は、次のとおりである。

　❷定款別表に記載したとおりに記載する

　パソコン　メーカー名　型名○○○○○○○○○○○○
　製造番号　XXXXXXXXXX　この価額　10万円
　これに対し割り当てる設立時発行株式　10株

　上記の現物出資は、会社法第33条第10項第1号に該当し、この現物出資財産につき定款に定めた価格は相当である。

　❸金銭出資分も含めた株数を記載する

2. 設立時発行株式総数は100株で、令和　　年　　月　　日までに発起人全員がそのすべてを引き受け、出資の履行が完了した。
3. その他株式会社の設立手続きが法令に違反している事実はない。
4. 発起人が受けるべき特別の利益、会社成立後に譲り受けることを約した財産、発起人が受けるべき報酬、会社の負担に帰すべき設立費用等の定めはない。

　❹登記申請日までの日を記載する

　令和　　年　　月　　日

　❺「❹」の日付とあわせて記載する

　　株式会社パワーコンテンツジャパン

　　設立時取締役　　横須賀輝尚

　❻個人実印を押印する

04 登記すべき事項を作成しよう

登記申請書を法務局に提出する際には、登記申請書とは別に「登記すべき事項」を提出する必要があります。以前は「OCR用申請用紙」を用いていましたが、現在は取り扱いを終了しています。ここでは、どのように登記申請書を提出するか、見ていきましょう。

01 「登記すべき事項」の作成

「登記すべき事項」については、法務省のウェブサイトにわかりやすく記載例が掲載されているので、その記載例を参考にして作成しましょう。自分がつくろうと思っている会社の事項に併せて、適宜文言を差し替えて利用してください。

法務省「登記事項の作成例一覧」
https://www.moj.go.jp/MINJI/MINJI50/minji50-01.html

　A4用紙に印刷して提出することも可能ですが、CD-Rなどの「電磁的記録媒体」に登記すべき事項のデータを入力して、提出することも可能です。

法務省「商業・法人登記申請における登記すべき事項を記録した電磁的記録媒体の提出について」
https://www.moj.go.jp/MINJI/MINJI50/minji50.html

02 「オンライン提出方式」による登記すべき事項の提出

　登記すべき事項は書面や電磁的記録媒体での提出という方法だけではなく、「オンライン提出方式」での提出も可能です。登記申請をオンラインで行うのとは違い、あくまで書面で登記申請書や添付書類を提出することには変わりありませんが、登記すべき事項については「申請用総合ソフト」を利用することで、簡単に提出することができま

す。登記すべき事項のみをオンラインで提出する場合には、「電子署名」や「電子証明書」を準備する必要はありません。この場合、登記の完了や補正の連絡は、オンラインによってリアルタイムに受け取ることができ、とても便利です。

　書面による申請の場合、登記の完了については法務局に問い合わせるか、登記事項証明書を取得することでしか確認できませんでした。オンライン提出方式の場合は、完了のお知らせの連絡が入るなど、非常に便利な機能がついています。

　法務省のウェブサイトに「オンライン提出方式」について解説が記載されていますので、参考にしてください。インターネットやウェブに自信がある方は、「オンライン提出方式」に取り組んでみるのもいいでしょう。

法務省「登記・供託オンライン申請システムによる登記事項の提出について」

（法務省「登記・供託オンライン申請システムによる登記事項の提出について」、https://www.moj.go.jp/MINJI/minji06_00051.html）

第6章 法務局に登記申請をしよう

point

☑「登記すべき事項」の提出方法を決めよう
☑ミスをしないよう慎重に入力しよう

登記すべき事項（別紙）取締役1名

「商号」株式会社パワーコンテンツジャパン

「本店」東京都新宿区上原一丁目2番3号

「公告をする方法」官報に掲載する方法とする。……… ❶定款のとおりに記載する

「目的」

1. 経営コンサルティング業

2. インターネットでの広告業務

3. 書籍・雑誌その他印刷物及び電子出版物の企画、制作及び販売

4. 前各号に付帯する一切の業務

「発行可能株式総数」1,000株

❷定款のとおりに記載する

「発行済株式の総数並びに種類及び数」

「発行済株式の総数」100株

「資本金の額」金100万円

「株式の譲渡制限に関する規定」

当会社の株式を譲渡により取得するには、株主総会の承認を受けなければならない。

「役員に関する事項」

❸定款のとおりに記載する

「資格」取締役

「氏名」横須賀輝尚

「役員に関する事項」

「資格」代表取締役

「住所」東京都渋谷区大岡山二丁目3番4号 ……… ❹印鑑登録証明書のとおりに記載する

「氏名」横須賀輝尚

「登記記録に関する事項」設立

登記すべき事項（別紙）取締役2名

「商号」株式会社パワーコンテンツジャパン

「本店」東京都新宿区上原一丁目2番3号

「公告をする方法」官報に掲載する方法とする。·········· **❶定款のとおりに記載する**

「目的」

1. 経営コンサルティング業

2. インターネットでの広告業務

3. 書籍・雑誌その他印刷物及び電子出版物の企画、制作及び販売

4. 前各号に付帯する一切の業務

「発行可能株式総数」1,000株

「発行済株式の総数並びに種類及び数」 ·········· **❷定款のとおりに記載する**

「発行済株式の総数」100株

「資本金の額」金100万円

「株式の譲渡制限に関する規定」

当会社の株式を譲渡により取得するには、株主総会の承認を受けなければならない。

「役員に関する事項」 ·········· **❸定款のとおりに記載する**

「資格」取締役

「氏名」横須賀輝尚

「役員に関する事項」

「資格」取締役

「氏名」佐藤良基

「役員に関する事項」

「資格」代表取締役

「住所」東京都渋谷区大岡山二丁目3番4号 ·········· **❹印鑑登録証明書のとおりに記載する**

「氏名」横須賀輝尚

「登記記録に関する事項」設立

05 印鑑届出書を作成しよう

会社代表者印を法務局へ登録するために「印鑑届書」を作成します。「印鑑届書」は、法務局であらかじめもらっておいた所定の用紙か、法務省のウェブサイトからダウンロードしたものを使用します。「印鑑届書」は登記申請書と同時に提出する必要があります。

01 「印鑑届書」に記入する

　会社設立後は、「印鑑届書」で使用した「会社代表者印」が株式会社の印鑑証明書記載の印鑑になり、契約などで使う重要な印鑑となります。個人の印鑑登録と同様、「印鑑カード」も発行されます。

　印鑑届書への具体的な記入方法は、次ページの記載例をみてください。印鑑届書は、手書きの記入でも構いません。行間をあわせられる場合は、パソコンで印字しても問題ありません。

　印鑑届書の左上が会社代表者印で押印するところです。中段右側は個人の実印で押印する箇所なので、間違えずに押印しましょう。

　ここで押印した会社代表者印の印影が、そのまま印鑑証明書の印影になります。丁寧に押さないと、印鑑証明書記載の印鑑が鮮明でなくなってしまうため、きれいに押せたものを使用しましょう。

　押印する場合には、スタンプマットを使用するとキレイに押印することができます。マットがなくても押印できますが、固い机の上などで押印すると、印影がはっきり出ないこともあります。鮮明に押印するためにも、100円ショップや文房具店などでスタンプマットを購入しておくといいでしょう。設立時は契約などで押印する機会も多いので、1枚あると重宝します。

point

☑「印鑑届書」を用意しよう
☑ 印影が鮮明にわかるように押印しよう

印鑑（改印）届書

❷会社代表者印を鮮明に押印する

印鑑（改印）届書

❶管轄の法務局を記載する

※ 太枠の中に書いてください。

東京法務局　　　　新宿　支局・出張所　　　令和　年　月　日　届出

(注1)（届出印は鮮明に押印してください。）	商号・名称	株式会社　パワーコンテンツジャパン
	本店・主たる事務所	東京都新宿区上原一丁目2番3号
印鑑提出者	資格	代表取締役・取締役・代表理事 理事・（　　　　　　　　　　）
	氏名	横須賀　輝尚
	生年月日	大・昭・平・西暦　54年7月4日生

☐ 印鑑カードは引き継がない。
☑ 印鑑カードを引き継ぐ。

印鑑カード番号

前任者

| 会社法人等番号 | |

❸空欄のままでOK

届出人 (注3)　☑ 印鑑提出者本人　☐ 代理人

（注3）の印
（市区町村に登録した印）
※ 代理人は押印不要

住所	東京都渋谷区大岡山二丁目3番4号
フリガナ	ヨコスカ　テルヒサ
氏名	横須賀　輝尚

❹個人実印を押印する

委任状

私は、（住所）

　　　　（氏名）

を代理人と定め、☐ 印鑑(改印) の届出、☐ 添付書面の原本還付請求及び受領
の権限を委任します。
　　　　年　　月　　日

住所

氏名　　　　　　　　　　　　　　　　印　市区町村に登録した印鑑

☐　市区町村長作成の印鑑証明書は、登記申請書に添付のものを援用する。（注4）

（注1）印鑑の大きさは、辺の長さが1cmを超え、3cm以内の正方形の中に収まるものでなければなりません。
（注2）印鑑カードを前任者から引き継ぐことができます。該当する☐にレ印をつけ、カードを引き継いだ場合には、その印鑑カードの番号・前任者の氏名を記載してください。
（注3）本人が届出るときは、本人の住所・氏名を記載し、市区町村に登録済みの印鑑を押印してください。代理人が届出るときは、代理人の住所・氏名を記載（押印不要）し、委任状に所要事項を記載（該当する☐にはレ印をつける）、本人が市区町村に登録済みの印鑑を押印してください。なお、本人の住所・氏名が登記簿上の代表者の住所・氏名と一致しない場合には、代表者の住所又は氏名の変更の登記をする必要があります。
（注4）この届書には作成後3カ月以内の本人の印鑑証明書を添付してください。登記申請書に添付した印鑑証明書を援用する場合（登記の申請と同時に印鑑を届け出た場合に限る。）は、☐にレ印をつけてください。

印鑑処理年月日				
印鑑処理番号	受付	調査	入力	校合

（乙号・8）

06 登記申請書を製本しよう

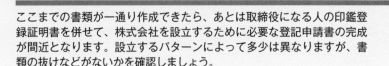

ここまでの書類が一通り作成できたら、あとは取締役になる人の印鑑登録証明書を併せて、株式会社を設立するために必要な登記申請書の完成が間近となります。設立するパターンによって多少は異なりますが、書類の抜けなどがないかを確認しましょう。

01　必要書類を再度確認し、製本しよう

　取締役1名の場合と2名以上の場合で、増える書類は就任承諾書くらいです。次ページの図の順番で綴じましょう。

　印鑑登録証明書は、発行する市区町村によって用紙のサイズが異なります。A4サイズより小さい場合は、他の書類と綴じにくいので、A4用紙にのり付けしたほうが綴じやすくなります。最近はマイナンバーカードを利用して、コンビニエンスストアで印鑑登録証明書を取得することができるようになりましたが、コンビニエンスストア発行の印鑑登録証明書はA4で発行されるのでそのまま使用してください。

　印鑑届書以外のすべての書類を重ねて、左側をホチキスでとめます。印鑑届書は、製本した登記申請書と一緒にして、ホチキスでとめずに、クリップでとめるようにします。

146ページ のとおりに綴じれば、間違いはありません。仮に順番を間違ったとしても、それだけで補正になることや、法務局から連絡がくることはありませんのでご安心ください。不安であれば、収入印紙は法務局の窓口で貼っても構いません。ここまでくれば、あとは登記申請書を法務局に持参するだけなので、会社設立まではあと一息です。

point

☑ 印鑑届書はホチキスでとめずに、クリップでとめる
☑ 収入印紙は不安なら法務局の窓口で貼る

必要な設立申請書類の確認

❶株式会社設立登記申請書

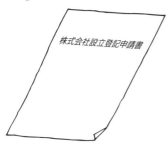

❷定款

❸払込証明書

❹発起人決定書

❺就任承諾書

❻印鑑登録証明書

設立申請書類の製本方法

❶登記申請書類を重ねる

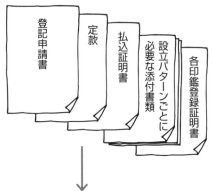

❷左側をホチキスでとめる

❸「印鑑届書」
　「登記すべき事項を記録したCD-R」

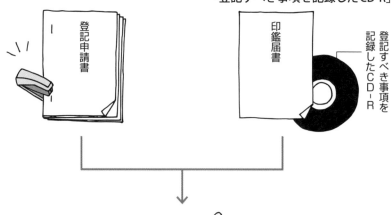

❹ホチキスでとめた登記
　申請書類と、「印鑑届書」
　「登記すべき事項を記録
　したCD-R」を重ねて、
　クリップでとめる

登記申請直前チェックリスト

チェック項目	☑
登記申請書の記載、押印に間違いはないか？	
登記申請書に連絡先の記載はあるか？	
収入印紙貼付台紙に収入印紙15万円は貼り付けてあるか？	
添付書類に間違い、不足はないか？	
払込証明書の金額、日付に間違いはないか？	
通帳のコピーは鮮明か？	
通帳の表紙のコピーなどすべてあるか？	
通帳のコピーに銀行名、支店名、名義人の記載はあるか？	
登記すべき事項に間違いはないか？	
印鑑届書の記載が間違っていないか？	
印鑑届書の押印は、鮮明に押してあるか？	
印鑑登録証明書の有効期限は3カ月以内か？	

第6章
法務局に
登記申請を
しよう

point

☑ 登記申請書を間違えないように製本しよう
☑ 法務局に持参する前に、もう一度チェックしよう

07 法務局で登記申請をしよう

登記申請書を作成したら、管轄法務局の窓口で登記申請を行います。申請日が会社の設立日になるので、設立日にこだわる場合は日付を選んで申請をしましょう。ただし、土日祝日や年末年始は法務局が閉まっているので、登記申請はできません。

01 確実なのは郵送ではなく、直接法務局へ持参

登記申請書は法務局へ郵送することもできます。

ただし、郵送の場合は途中で書類が紛失する可能性もありますし、書類を発送した日ではなく、あくまでも管轄の法務局に届いた日が会社の設立日になります。

遠方の法務局ならば仕方ありませんが、大切な登記申請書がなくなってしまうことは避けたいですし、設立日にこだわるならば、郵送は極力避けたほうがいいでしょう。できれば、法務局に書類を直接持って行きましょう。

02 管轄法務局の商業登記窓口へ提出する

管轄の法務局に行くと、商業・法人登記を受け付けてくれる窓口がありますので、そこへ提出します。その際、「本日申請分の完了予定日は、◯◯月◯◯日です」などの記載が必ずありますので、登記が完了する日をメモしておきましょう。

原則として、法務局から登記が完了した旨の連絡が入ることはありません。何も連絡がなければ、完了予定日までに登記は完了しています。しかし、念のため管轄の法務局窓口で確認しておきましょう。その際、問い合わせ先の電話番号も併せてメモしておきます。

登記の完了までには、地域や法務局によって異なりますが、繁忙期を除いて3営業日程度かかる見込みです。

申請書を提出すると、その日から法務局は書類の審査をはじめま

す。その場で審査することはありません。申請後、書類に不備が見つかると、書類を補正するために、再度法務局に出向く必要があります。万が一補正があったとしても、慌てずに対処しましょう。「会社代表者印」と「個人実印」を持って、法務局に向かえば、ほとんどの場合、軽微な修正で済みます。

　ただし、補正が入ってしまった場合は、登記の完了日が若干延びてしまう可能性がありますので、注意してください。

03 収入印紙を用意する

　一般的に「印紙」と呼ばれるものは「収入印紙」のことで、簡単にいえば税金です。「登録免許税」といって、登録免許税法で定められています。登記申請の際、もし収入印紙を貼らなかった場合は補正が入ります。提出する前に、ちゃんと収入印紙を貼付しているか、もう一度確認しておきましょう。

　なお、登記申請書には必ず「収入印紙」を使用します。また、登記事項証明書の取得にも「収入印紙」を使用します。

　以前は「登記印紙」という別の印紙を使用していました。現在では「登記印紙」は廃止になっているので、購入の際は、間違えないように注意してください。

　一般的に、金券ショップと呼ばれる店舗へ行けば、収入印紙を安く手に入れることもできるようです。ただし、店舗によっては在庫が限られていますし、また偽造品が存在する可能性も否めません。

　そのため、収入印紙に関しては、郵便局か法務局の印紙売場で購入するのが無難でしょう。

point

☑ 申請日にこだわるなら、法務局の窓口に直接出向く
☑ 収入印紙は忘れずに用意する

08 オンラインで登記申請をしよう

ここまで書面による登記申請についてお伝えしてきましたが、オンラインによる登記申請も可能です。オンライン申請といっても、登記申請書だけをオンラインで作成して提出し、その他の添付書類は管轄の法務局に持参するか、郵送することが必要になります。

01　オンライン申請に必要な準備をしよう

　定款認証のオンライン申請でも準備は必要でしたが、登記申請のオンライン申請でもやはり準備が必要になります。定款認証のオンライン申請（電子定款）の場合、定款に貼る収入印紙の4万円を節約できたため、設立費用を抑えるためには必要な手続きでした。一方、登記申請の場合は特に、減税などの金銭的なメリットはありません。以前は、期間限定で最大5,000円が減税になるサービスもありましたが、現在、そのようなサービスはありません。

　オンラインで申請すると、登記すべき事項をオンラインによって提出する場合と同様のメリットにはなりますが、補正や完了の連絡がメール通知されますので、問い合わせる手間を省くことができます。法務局もオンライン申請が普及するように、全国的に啓蒙活動をしていますが、司法書士に依頼せずに本人自身が申請する場合は、まだまだ書面で申請するひとがほとんどです。

　また、オンライン申請の場合は、申請と同時に法務局の受付がされますので、設立日に確実に申請したい場合には便利な方法です。遠方の場合、法務局の窓口へ行くのは時間的にも金額的にも非常に大変ですし、公共交通機関を利用する場合は当日に何が起きるかわかりません。申請日に体調不良やケガで行けない場合も考えられますし、地震や事故などの災害の可能性も否定できません。そういった場合を想定して、不安な場合にはオンライン申請も選択肢に入れることをおすすめします。

オンライン申請の場合の添付書類ですが、申請後遅滞なく管轄の法務局に持参又は郵送することになります。登録免許税の納付は書面申請と同じように、収入印紙を貼る方法でも構いませんし、Pay-easy（ペイジー）による納付など、インターネットバンキングを利用した納付方法も可能です。

　万が一、致命的な不備があって申請を取り下げないといけない事態も想定して、インターネットバンキングを利用するよりは、収入印紙を貼る方法のほうがいいかもしれません。インターネットバンキングの場合は、還付の手続きに時間がかかりますが、収入印紙の場合は再申請の際に収入印紙の再使用が認められるので、手間が少なく済みます。

法務省「商業・法人登記のオンライン申請について」のウェブサイト

（法務省「商業・法人登記のオンライン申請について」、https://www.moj.go.jp/MINJI/minji60.html）

第6章　法務局に登記申請をしよう

---

point

☑ 電子定款とは別にオンライン登記申請用の準備が必要
☑ 添付書類は持参又は郵送が必要

株式会社を設立することが、
ゴールではない

　はじめての会社設立手続きは、想像していた以上に作業が多く、間違いなくできたとしても、大変な作業です。

　こういった会社の設立手続きをしたあとに、よく見られるのが「会社設立燃え尽き症候群」です。

　特に、個人規模など、小さな会社をひとりで設立した場合などに見られます。

　ひとりで会社を立ち上げた場合は、会社を設立する手続きが大変で、それに疲れてしまって、登記まで終わって休息していたら熱が冷めてしまった……、そんな方も見受けられます。

　しかし、株式会社の設立はスタートであって、ゴールではありません。会社を設立した以上は、ビジネスをきちんと成立させ、売上をつくっていかなければなりません。

　そのためには、会社設立手続きにかけた情熱の何倍もの情熱が必要になります。

「経営を勉強し、試行錯誤を重ね、会社を大きくしていく」

　せっかく会社を設立したのですから、ぜひ目標は高く持っていただきたいと思います。

　また、本書をお読みいただいた方の中で、株式会社以外の組織を検討したことがなかった方は、他の起業組織も検討してみるのもいいでしょう。

　起業は何も株式会社の設立だけではありません。合同会社や一般社団法人などの法人組織もあります。

　本書は株式会社設立のための書籍ですが、他の選択肢も検討したうえでの株式会社設立であれば、より失敗しない起業になるでしょう。

第7章
登記が完了したら
各種届出をしよう

01 登記事項証明書と 印鑑証明書を取得しよう

法務局での審査が完了すれば、株式会社の設立登記は完了します。法的には申請した日が設立日になりますが、すでにスタートは切られたことになります。設立手続き自体は終了しますが、登記が完了したら行っておくべきことがあります。

01　登記事項証明書を取得しよう

　設立登記が完了したら、「登記事項証明書」を取りに法務局へ行きましょう。登記事項証明書は、法人口座の開設やさまざまな届出に必要です。また同時に、印鑑カードも取得しておくと便利です。印鑑カード交付の際には、会社の代表者印を持って法務局に行きましょう。

　法務局には、「登記事項証明書交付申請書」というものが備え付けてあります。その申請書に記入すると、登記事項証明書を取ることができます。ここで取得するのは「履歴事項全部証明書」という、いわゆる「登記簿謄本」です。他にも、「現在事項全部証明書」や「一部事項証明書」などを取得できますが、会社の証明といった場合には、この「履歴事項全部証明書」を使用します。

　履歴事項全部証明書を書面で1通取得するには、600円の「収入印紙代」がかかります。法務局にはそれぞれ印紙売り場がありますので、そこで購入しましょう。少なくとも、銀行の法人口座開設用は必要になります。また、事務所を借りた場合には、貸主や管理会社などに提出することがあるので、確認のうえ取得してください。

02　オンライン申請でも登記事項証明書は取得可能

　登記事項証明書はオンラインでも取得が可能です。取得のために電子署名や電子証明書は必要ありません。また、オンライン申請の場合は1通500円と、窓口で取得するよりも費用が安くなりますし、郵送代も法務局が負担します。急がない場合は、オンライン申請を利用し

たほうが費用は安く済みますので、活用を検討しましょう。

「登記・供託オンライン申請システム」のウェブサイト

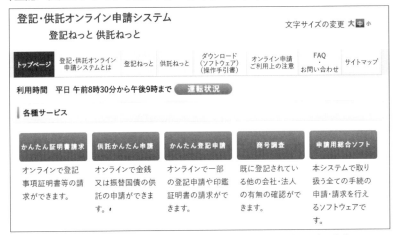

（「登記・供託オンライン申請システム」、https://www.touki-kyoutaku-online.moj.go.jp/）

03 印鑑カードと印鑑証明書を取得しよう

　印鑑カードは、法務局に備え付けてある「印鑑カード交付申請書」に必要事項を記入して提出すれば、その場で交付されます。会社代表者印の印鑑証明書を取得するときには、この印鑑カードを使うと、法務局で取得できるようになります。

　印鑑カードの交付を受けたあとには、印鑑証明書も取得しましょう。印鑑証明書を取得するには、法務局に備え付けてある「印鑑証明書交付申請書」に必要事項を記入して提出します。

　「印鑑証明書交付申請書」を書面で取得するには、1通あたり450円の収入印紙が必要なので、印紙売り場で印紙を買って、申請書に貼ってください。

> **point**
> ☑ 登記の完了後は登記事項証明書を取得しよう
> ☑ 登記事項証明書はオンラインでも取得が可能

登記事項証明書交付申請書

❶管轄の法務局を記載する

❷設立した正式な会社名を記載する

❻1通600円の収入印紙を貼付する

会社法人用

登 記 事 項 証 明 書
登 記 簿 謄 抄 本　交付申請書
概 要 記 録 事 項 証 明 書

※ 太枠の中に書いてください。

東京法務局　　　　新宿　支局・出張所　　　年　月　日申請

窓口に来られた人 （申請人）	住 所	東京都渋谷区大岡山二丁目3番4号
	フリガナ	ヨコスカ　テルナオ
	氏 名	横須賀 輝尚
商号・名称 （会社等の名前）		株式会社　パワーコンテンツジャパン
本店・主たる事務所 （会社等の住所）		東京都新宿区上原一丁目2番3号
会社法人等番号		

収入印紙欄

収入印紙 600円

収 入
印 紙

❸記載しなくても交付はされる

❹ここにチェックを入れる

※ 必要なものの□にレ印をつけてください。

請　　　　　求　　　　　事　　　　　項	請求通数
①**全部事項証明書（謄本）** ☑ **履歴事項証明書（閉鎖されていない登記事項の証明）** 　※現在効力がある登記事項に加えて、当該証明書の交付の請求があった日の3年前の日の属する年の1月1日から請求があった日までの間に抹消された事項等を記載したものです。 　□ **現在事項証明書（現在効力がある登記事項の証明）** 　□ **閉鎖事項証明書（閉鎖された登記事項の証明）** 　※当該証明書の交付の請求があった日の3年前の属する年の1月1日よりも前に抹消された事項等を記載したものです。	1 通

❺必要な通数を記載する

②**一部事項証明書（抄本）**　　※ 必要な区を選んでください。 　□ 履歴事項証明書　　□ 株式・資本区 　□ 現在事項証明書　　□ 目 的 区 　□ 閉鎖事項証明書　　□ 役 員 区 　　　　　　　　　　　　□ 支配人・代理人区 　※ 商号・名称及び 　　会社・法人状態区 　　はどの請求にも 　　表示されます。 ※2名以上の支配人・参事等がいる場合で、その一部の者のみを請求するときは、その支配人・参事等の氏名を記載してください。 （氏名　　　　　　　　　） □ その他（　　　　　　　）	通
③**□代表者事項証明書**　　（代表権のある者の証明） ※2名以上の代表者がいる場合で、その一部の者の証明のみを請求するときは、その代表者の氏名を記載してください。（氏名　　　　　　　）	通
④**コンピュータ化以前の閉鎖登記簿の謄抄本** 　□ コンピュータ化に伴う閉鎖登記簿謄本 　□ 閉鎖謄本（　　　年　月　日閉鎖） 　□ 閉鎖役員欄（　　　年　月　日閉鎖） 　□ その他（　　　　　　　　　　　）	通
⑤**概要記録事項証明書** 　□ 現在事項証明書（動産譲渡登記事項概要ファイル） 　□ 現在事項証明書（債権譲渡登記事項概要ファイル） 　□ 閉鎖事項証明書（動産譲渡登記事項概要ファイル） 　□ 閉鎖事項証明書（債権譲渡登記事項概要ファイル） 　※請求された登記記録がない場合には、記録されている事項がない旨の証明書が発行されます。	通

交 付 通 数	交 付 枚 数	手 数 料	受 付・交 付 年 月 日

（乙号・6）

収入印紙は割印をしないでここに貼ってください。（登記印紙も使用可能）

印鑑カード交付申請書

❶管轄の法務局を記載する

❷会社代表者印を鮮明に押印する

印鑑カード交付申請書

※ 太枠の中に書いてください。

| 東京 法務局 | 新宿 支局 ⟨出張所⟩ 令和 年 月 日 申請 | 照合印 |

(注1) 登記所に提出した印鑑の押印欄	商号・名称	株式会社 パワーコンテンツジャパン
(印鑑は鮮明に押印してください。)	本店・主たる事務所	東京都新宿区上原,一丁目2番3号
	印鑑提出者 資格	⟨代表取締役⟩・取締役・代表社員・代表理事・理事・支配人 ( )
	氏名	横須賀 輝尚
	生年月日	大・⟨昭⟩・平・西暦 54 年 7 月 4 日生
	会社法人等番号	

❸記載しなくても交付される

申 請 人 (注2)	☑ 印鑑提出者本人 □ 代理人		
住 所	東京都渋谷区大岡山二丁目3番4号	連絡先	□ 勤務先 □ 自宅 ☑ 携帯番号
フリガナ 氏 名	ヨコスカ テルヒサ 横須賀 輝尚		電話番号 090-0000-0000

委 任 状

私は、(住所)

　　　　　(氏名)

を代理人と定め、印鑑カードの交付申請及び受領の権限を委任します。

　住 所

　氏 名　　　　　　　　　　　　　　　印 （登記所に提出した印鑑）

❹連絡先を記載する

(注1) 押印欄には、登記所に提出した印鑑を押印してください。
(注2) 該当する□にレ印をつけてください。代理人の場合は、代理人の住所・氏名を記載してください。
その場合は、委任状に所要事項を記載し、登記所に提出した印鑑を押印してください。

交 付 年 月 日	印 鑑 カ ー ド 番 号	担 当 者 印	受領印又は署名

(乙号・9)

印鑑証明書及び登記事項証明書交付申請書

❶窓口に行くひとの住所、氏名を記載する

❷設立した会社名を記載する

❸設立した会社の住所を記載する

❺代表取締役の氏名を記載する

❾必要な通数を合計した収入印紙を貼付する

会社法人用

印鑑証明書及び登記事項証明書　交付申請書

※ 太枠の中に書いてください。

（地方）法務局　　　支局・出張所　　　年　月　日申請

窓口に来られた人（申請人）	住所	東京都渋谷区大岡山二丁目3番4号
	フリガナ	ヨコスカ　テルヒサ
	氏名	横須賀　輝尚

| 商号・名称（会社等の名前） | 株式会社　パワーコンテンツジャパン |

| 本店・主たる事務所（会社等の住所） | 東京都新宿区上原一丁目2番3号 |

支配人・参事等を置いた営業所又は事務所

❹代表取締役に〇印をする

印鑑提出者	資格	（代表取締役）取締役・代表社員・代表理事・理事・支配人（　　　　　　　　）
	氏名	横須賀　輝尚
	生年月日	大・㊐・平・西暦　　54 年　　7 月　　4 日生
	印鑑カード番号	

❻代表取締役の生年月日を記載する

収入印紙欄

収入印紙 1,000円

収入印紙 50円

収入印紙は割印をしないでここに貼ってください。（登記印紙も使用可能）

請　求　事　項	請求通数
①印鑑証明書　　□代理人 ※代理人の場合は、□代理人にレ印をつけてください。 ※代理人の場合も、委任状は必要ありません。 ※必ず印鑑カードを添えて申請してください。	1 通
②履歴事項全部証明書（謄本） （閉鎖されていない登記事項全部の証明） ※現在効力がある登記事項に加えて、当該証明書の交付の請求があった日の3年前の日の属する年の1月1日から請求があった日までの間に抹消された事項等を記載したものです。	1 通
③現在事項全部証明書（謄本） （現在効力がある登記事項全部の証明）	通
④代表者事項証明書　　（代表権のある者の証明） ※2名以上の代表者がいる場合で、その一部の者の証明のみを請求するときは、その代表者の氏名を記載してください。 （氏名　　　　　　　　）	通

❼❽必要な通数を記載する

交付通数	交付枚数	整理番号	手数料	受付・交付年月日

(乙号・12)

158

印鑑証明書交付申請書

会社法人用

印鑑証明書交付申請書

※ 太枠の中に書いてください。

❹1通450円の収入印紙を貼付する

東京法務局 新宿 支局・出張所 令和 年 月 日 申請		

商 号 ・ 名 称 （会社等の名前）	株式会社 パワーコンテンツジャパン	**収入印紙欄**
本店・主たる事務所 （ 会 社 等 の 住 所 ）	東京都新宿区上原一丁目2番3号	収入印紙 400円
支配人・参事等を置い た営業所又は事務所		収入印紙 50円

	資 格	代表取締役 取締役・代表社員・代表理事・理事・支配人 （　　　　　　　　　　　　　　　　　　）
印鑑提出者	氏 名	横須賀 輝尚
	生年月日	大・昭・平・西暦　54年 7月 4日生

印鑑カード番号	

請求通数	❷必要な通数を記載する　　　1 通

窓口に来られた人（申請人）　※いずれかの□にレ印をつけ、代理人の場合
　　　　　　　　　　　　　　　は住所・氏名を記載してください。

☑ 印鑑提出者本人
□ 代理人

❸窓口に行くひとの住所、氏名を記載する

住所
フリガナ
氏名

※代理人の場合でも委任状は必要ありません。

※必ず印鑑カードを添えて　　申請してください。

収入印紙は割印をしないでここに貼ってく（登記印紙も使用可能）

交 付 通 数	整 理 番 号	手 数 料	受 付 ・ 交 付 年 月 日

(乙号・11)

❶印鑑カード記載の番号を記載する

第7章
登記が完了したら
各種届出をしよう

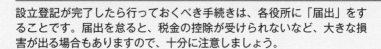
02 会社設立後に必要な手続きとは

設立登記が完了したら行っておくべき手続きは、各役所に「届出」をすることです。届出を怠ると、税金の控除が受けられないなど、大きな損害が出る場合もありますので、十分に注意しましょう。

01 会社設立後の届出の提出先

　届出の提出先としては、税務署、都道府県税事務所、市区町村役場、労働基準監督署、公共職業安定所（ハローワーク）、年金事務所などがあります。会社に付与されたマイナンバー（法人番号）によって、届出が一括で済むサービスもあります。ただ、まだまだ環境整備が整っておらず、利用されていないというのが現状ですので、各役所への届出を行いましょう。特に、最初は登記事項証明書と定款のコピーを求められることが多くあるので、余分に用意しておくといいでしょう。ほとんどの場合、郵送で済ませることができますので、各役所のウェブサイトから書式をダウンロードし、記入して郵送しましょう。控えがほしい場合には、2通送付し、返信用封筒を付ければ、役所が受付印を押印した届出書の控えをもらうこともできます。なお、市区町村等役所のウェブサイトで手続きについての説明を読むと、登記事項証明書の原本が必要だと記載されている例もありますが、多くの場合、コピーで済むことが多いようです。ただし、それぞれの役所によって対応は異なりますので、あなたの会社の本店所在地を管轄する各役所にきちんと確認したうえで届出をするのがいいでしょう。

税務署

「法人設立届」として、定款のコピーと登記事項証明書などを添付し、設立の日から2カ月以内に提出します。

「青色申告の承認申請書」として、設立の日から3カ月以内に提出します。

都税事務所（東京23区の場合）

「法人設立届」として、定款のコピーと登記事項証明書などを添付し、事業開始の日から15日以内に提出します。

都道府県税事務所（東京23区以外の場合）

「法人設立届」として、定款のコピーと登記事項証明書などを添付し、設立の日から1カ月以内に提出します。

市区町村役場

「法人設立届」として、定款のコピーと登記事項証明書などを添付し、設立の日から1カ月以内に提出します。

年金事務所

「健康保険・厚生年金新規適用届」「健康保険・厚生年金保険　被保険者資格取得届」として、登記事項証明書などを添付して提出します。

労働基準監督署

「適用事業報告」「保険関係成立届」として、労働者を雇用するようになったときから遅滞なく提出します。

公共職業安定所（ハローワーク）

「雇用保険適用事業所設置届」「雇用保険被保険者資格取得届」として、登記事項証明書、労働者名簿、賃金台帳、出勤簿などを添付して、事業所を設置した日の翌日から起算して10日以内に提出します。

point

☑ 必要な届出は必ず忘れないようにしよう
☑ スタッフを採用する場合には、手続きが増えるので注意

03 税務署に届出をしよう

株式会社を設立すると、税務署に届出をいくつか提出しなければなりません。主に「法人設立届」「青色申告の承認申請書」「減価償却資産の償却方法の届出書」「棚卸資産の評価方法の届出書」「給与支払事務所等の開設届出書」などを提出します。

01　必要な書類を用意する

　税務署に提出する書類の入手先は、管轄の税務署の法人税を担当する部署の窓口になります。その担当者に、「株式会社を設立したので、法人設立に関する届出の書類がほしい」旨を伝えれば、書類をもらうことができます。さらに、会社代表者印を持参しておけば、その場で指示を受けながら受け取った書類に記入して、そのまま確実に提出することができます。

　ただし、添付書類として「定款のコピー」を求められることがあるので、これらの書類が必要かを、事前に確認しておきましょう。

　あるいは、税務署へ出向く時間がないという人のために、国税庁のウェブサイトからダウンロードすることもできます。

○国税庁
https://www.nta.go.jp/index.htm

法人設立届

「法人設立届」は、設立から2カ月以内に必ず提出しなければなりません。「法人設立届」を提出するときには、「定款のコピー」の添付書類が必要になります。添付書類は各税務署によって扱いが異なる場合がありますので、事前に管轄の税務署に確認しておきましょう。

　なお、4枚（あるいは3枚）つづりになっている書式の場合、残りの書類は別の手続き（都道府県税事務所や市区町村役場など）に使用

できますので、大切に保管しておいてください。

青色申告の承認申請書

　法人税の申告には、青色申告と白色申告があります。法人としての申告では青色申告のほうがメリットは大きいので、この時点では青色申告を選択して、「青色申告の承認申請書」を提出しておきましょう。ちなみにほとんどの会社が、この青色申告を選んでいます。

給与支払事務所等の開設届出書

　株式会社を設立すると、社員への給与支払いが生じます。会社が給与を支払う場合には、所得税を天引きして国に納める「源泉徴収方式」を選択することになります。「誰も雇っていないから、私には必要ない」ということはありません。1名の株式会社であっても、その1名は「給与」として報酬を受けることになりますので、「給与支払事務所等の開設届出書」の提出が必要になります。

源泉所得税の納期の特例の承認に関する申請書

　源泉徴収方式を採用したら、本来は毎月納付手続きをしなければならないのですが、それでは手間がかかりとても大変です。そこで、「源泉所得税の納期の特例の承認に関する申請書」を提出することによって、10名以下の会社はその手続きが半年に1度で済むようになります。ですから10名以下の会社の場合は、必ず提出するようにしましょう。

棚卸資産の評価方法の届出書

「棚卸資産」とは、「在庫」のことを指します。商品を仕入れて販売（又は製造販売）するような事業では「在庫」を抱えることになりますので、「棚卸資産の評価方法の届出書」を提出します。
　棚卸資産は、ものによって原価（取得価額）の算定が違うので、評価方法の選択ができます。ただし、棚卸資産の評価方法は決算に大き

く関係してくるので、具体的な評価方法の選択にあたっては、税務署や税理士に相談してから決めるようにしましょう。

減価償却資産の償却方法の届出書

　建物や自動車などの資産は、長期間にわたって使用するうちに価値が減っていく、「減価償却資産」になります。この資産は購入時にすべて経費となるわけでなく、一定の計算方法によって複数年にわたって経費として計上することになります。

　この計算方法には、「定額法」と「定率法」があります。「定額法」は毎年同額の経費を計上していく方法で、「定率法」は初年度に多く計上し、その後、徐々に少なくしていくという方法です。

　「減価償却資産の償却方法の届出書」も、「棚卸資産の評価方法の届出書」の選択と同じく、どれを選べばいいのか不明な場合は、税務署や税理士などに相談してから決めるのがいいでしょう。

02　書類の提出方法

　税務署への書類を提出する方法には、直接窓口に出向く方法と、郵送する方法があります。直接行けば、その場で受領印を押してもらうことができ、控えを持ち帰ることができます。間違いがあった場合も、その場で修正可能です。これに対して、郵送にすると、書類不備や不足があった場合には二度手間になり、また控えをもらいたい場合には返信用封筒が必要です。このような違いがあるので、あなたにとって最適な方法を選択するのがいいでしょう。

point
- ☑ どの書類を出したらいいかわからない場合は、役所に相談しよう
- ☑ 最初から税理士に相談してしまうのも、時間の効率的な使い方

法人設立届出書

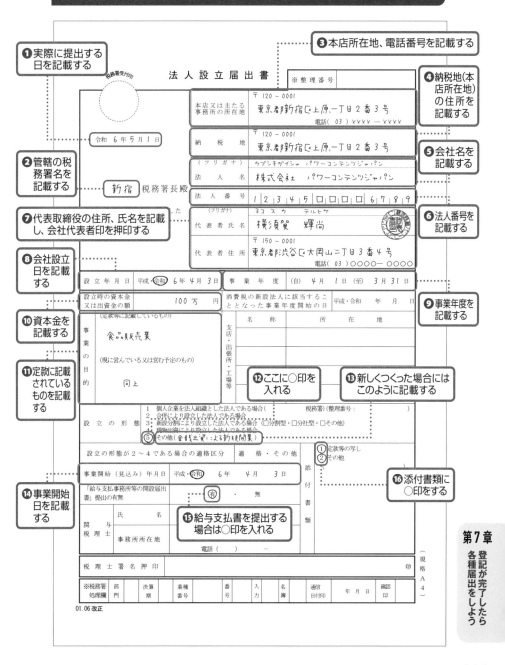

❶ 実際に提出する日を記載する

❷ 管轄の税務署名を記載する

❼ 代表取締役の住所、氏名を記載し、会社代表者印を押印する

❸ 会社設立日を記載する

❿ 資本金を記載する

⓫ 定款に記載されているものを記載する

⓮ 事業開始日を記載する

❸ 本店所在地、電話番号を記載する

❹ 納税地(本店所在地)の住所を記載する

❺ 会社名を記載する

❻ 法人番号を記載する

❾ 事業年度を記載する

⓬ ここに○印を入れる

⓭ 新しくつくった場合にはこのように記載する

⓰ 添付書類に○印をする

⓯ 給与支払書を提出する場合は○印を入れる

法 人 設 立 届 出 書

税務署受付印

※ 整理番号

令和 6 年 5 月 1 日

新宿 税務署長殿

本店又は主たる事務所の所在地　〒 120 - 0001　東京都新宿区上原一丁目2番3号　電話(03)××××－××××

納 税 地　〒 120 - 0001　東京都新宿区上原一丁目2番3号

(フ リ ガ ナ)　カブシキガイシャ パワーコンテンツジャパン

法 人 名　株式会社　パワーコンテンツジャパン

法 人 番 号　1 2 3 4 5 □ □ □ □ 6 7 8 9

(フ リ ガ ナ)　ヨコスカ テルヒサ

代 表 者 氏 名　横須賀　輝尚

代 表 者 住 所　〒 150 - 0001　東京都渋谷区大岡山二丁目3番4号　電話(03)○○○○－○○○○

設 立 年 月 日	平成・令和 6 年 4 月 3 日	事 業 年 度	(自) 4 月 1 日 (至) 3 月 31 日

設立時の資本金又は出資金の額	100 万 円	消費税の新設法人に該当することとなった事業年度開始の日	平成・令和 年 月 日

事業の目的
(定款等に記載しているもの)　食品販売業
(現に営んでいる又は営む予定のもの)　同上

	名 称	所 在 地
支店・出張所・工場等		

設 立 の 形 態
1　個人企業を法人組織とした法人である場合(　　　税務署)(整理番号：　　　)
2　合併により設立した法人である場合
3　新設分割により設立した法人である場合(□分割型・□分社型・□その他)
4　現物出資により設立した法人である場合
5　その他(金銭出資による新規開業)

設立の形態が2～4である場合の適格区分	適 格・その他

事業開始(見込み)年月日	平成・令和 6 年 4 月 3 日

「給与支払事務所等の開設届出書」提出の有無	有 ・ 無

添付書類
①定款等の写し
②その他

関与税理士　氏 名　　　　事務所所在地　　　　電話( ) －

税 理 士 署 名 押 印　　　　㊞

(規 格 A 4)

※税務署処理欄	部門	決算期	業種番号	番号	入力	名簿	通信日付印	年 月 日	確認印

01.06 改正

青色申告の承認申請書

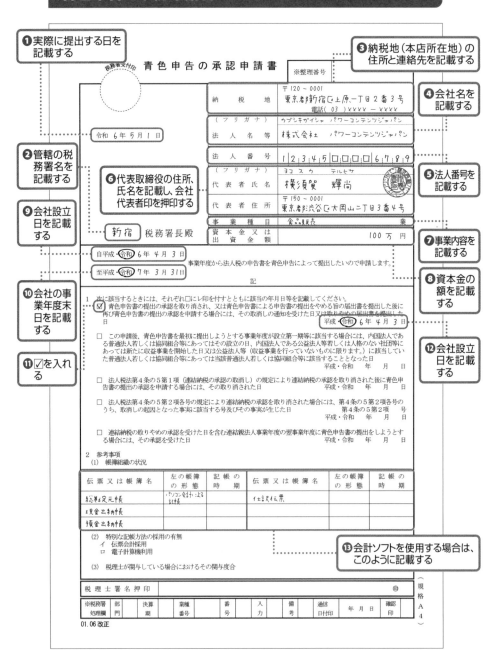

❶実際に提出する日を記載する

❸納税地(本店所在地)の住所と連絡先を記載する

税務署受付印

青色申告の承認申請書

※整理番号

納　税　地　〒120〜0001
東京都新宿区上原一丁目2番3号
電話(03)××××−××××

❹会社名を記載する

令和 6 年 5 月 1 日

（フリガナ）カブシキガイシャ　パワーコンテンツジャパン
法 人 名 等　株式会社　パワーコンテンツジャパン

❷管轄の税務署名を記載する

❻代表取締役の住所、氏名を記載し、会社代表者印を押印する

法 人 番 号　1 2 3 4 5 □ □ □ 6 7 8 9

❺法人番号を記載する

（フリガナ）ヨコスカ　テルヒサ
代表者氏名　横須賀　輝尚

❾会社設立日を記載する

代表者住所　〒150〜0001
東京都渋谷区大岡山二丁目3番4号

新宿　税務署長殿

事 業 種 目　食品販売　　　業

資 本 金 又 は
出 資 金 額　　　　100万円

❼事業内容を記載する

自平成・令和 6 年 4 月 3 日
至平成・令和 7 年 3 月 31 日

事業年度から法人税の申告書を青色申告によって提出したいので申請します。

❽資本金の額を記載する

記

❿会社の事業年度末日を記載する

1　次に該当するときには、それぞれ□にレ印を付すとともに該当の年月日等を記載してください。
☑　青色申告書の提出の承認を取り消され、又は青色申告書による申告書の提出をやめる旨の届出書を提出した後に再び青色申告書の提出の承認を申請する場合には、その取消しの通知を受けた日又は取りやめの届出書を提出した日　　　平成・令和 6 年 4 月 3 日

⓫☑を入れる

□　この申請後、青色申告書を最初に提出しようとする事業年度が設立第一期である場合には、内国法人である普通法人若しくは協同組合等にあってはその設立の日、内国法人である公益法人等若しくは人格のない社団等にあっては新たに収益事業を開始した日又は公益法人等（収益事業を行っていないものに限ります。）に該当していた普通法人若しくは協同組合等にあっては当該普通法人若しくは協同組合等に該当することとなった日　　　平成・令和　年　月　日

⓬会社設立日を記載する

□　法人税法第4条の5第1項（連結納税の承認の取消し）の規定により連結納税の承認を取り消された後に青色申告書の提出の承認を申請する場合には、その取り消された日　　　平成・令和　年　月　日

□　法人税法第4条の5第2項各号の規定により連結納税の承認を取り消された場合には、第4条の5第2項各号のうち、取消しの起因となった事実に該当する号及びその事実が生じた日　　　第4条の5第2項　号　平成・令和　年　月　日

□　連結納税の取りやめの承認を受けた日を含む連結親法人事業年度の翌事業年度に青色申告書の提出をしようとする場合には、その承認を受けた日　　　平成・令和　年　月　日

2　参考事項
(1)　帳簿組織の状況

伝票又は帳簿名	左の帳簿の形態	記帳の時期	伝票又は帳簿名	左の帳簿の形態	記帳の時期
総勘定元帳	パソコン会計による記帳		仕訳伝票		
現金出納帳					
預金出納帳					

(2)　特別な記帳方法の採用の有無
　　イ　伝票会計採用
　　ロ　電子計算機利用

(3)　税理士が関与している場合におけるその関与度合

⓭会計ソフトを使用する場合は、このように記載する

税 理 士 署 名 押 印　　　　　　　　　　　㊞

（規格A4）

※税務署処理欄	部門	決算期	業種番号	番号	入力	備考	通信日付印	年月日	確認印

01. 06 改正

166

給与支払事務所等の開設届出書

❶実際に提出する日を記載する

❸会社名、本店所在地、電話番号を記載する

❺代表取締役の氏名を記載し、会社代表者印を押印する

❷管轄の税務署名を記載する

❹法人番号を記載する

給与支払事務所等の開設・移転・廃止届出書

※整理番号

事務所開設者	住所又は本店所在地	〒 120～0001　東京都新宿区上原一丁目2番3号　電話（ 03 ） ××××－××××
	（フリガナ）	カブシキガイシャ　パワーコンテンツジャパン
	氏名又は名称	株式会社　パワーコンテンツジャパン
	個人番号又は法人番号	1 2 3 4 5 □ □ □ □ 6 7 8 9
	（フリガナ）	ヨコスカ　テルヒサ
	代表者氏名	横須賀　輝尚

令和 6 年 5 月 1 日

新宿 税務署長殿

所得税法第230条の規定により次のとおり届け出ます。

(注)　「住所又は本店所在地」欄については、個人の方については申告所得税の納税地、法人については本店所在地（外国法人の場合には国内の本店所在地）を記載してください。

❻会社設立日を記載する

開設・移転・廃止年月日	平成・令和 6 年 4 月 3 日	給与支払を開始する年月日	平成・令和 6 年 4 月 25 日

❼給与支払開始日を記載する

❽☑を入れる

○届出の内容及び理由
（該当する事項のチェック欄に✓印を付してください。）

開設	☑ 開業又は法人の設立
	□ 上記以外　※本店所在地等とは別の所在地に支店等を開設した場合
	□ 所在地の移転
移転	□ 既存の給与支払事務所等への引継ぎ
（理由）	□ 法人の合併　□ 法人の分割　□ 支店等の閉鎖　□ その他（　　　　　　）
廃止	□ 廃業又は清算結了　□ 休業
その他（　　　　　　　　　　）	

「給与支払事務所等について」欄の記載事項

開設・異動前	異動後
開設した支店等の所在地	
移転前の所在地	移転後の所在地
引継ぎをする前の給与支払事務所等	引継先の給与支払事務所等
異動前の事項	異動後の事項

❾設立の場合は空欄のまま

○給与支払事務所等について

	開設・異動前	異動後
（フリガナ）		
氏名又は名称		
住所又は所在地	〒　　電話（　　）　－	〒　　電話（　　）　－
（フリガナ）		
責任者氏名		
従事員数	役員 1 人　従業員 人（ ）人（ ）人（ ）人 計 人	
（その他参考事項）		

❿役員の人数を記載する

税 理 士 署 名 押 印								⑪	

※税務署処理欄	部門	決算期	業種番号	入力	名簿等	用紙交付	通信日付印	年 月 日	確認印
	番号確認　身元確認	確認書類　個人番号カード／通知カード・運転免許証　その他（　　）							
	□ 済　□ 未済								

（規格A4）

01.06改正

源泉所得税の納期の特例の承認に関する申請書

❶実際に提出する日を記載する

源泉所得税の納期の特例の承認に関する申請書

❸会社名、本店所在地、電話番号を記載する

税務署受付印

令和 6 年 5 月 1 日

※整理番号	
住 所 又 は 本 店 の 所 在 地	〒 120 ~ 0001 東京都新宿区上原一丁目2番3号 電話 03 - ×××× - ××××
（フリガナ）	カブシキガイシャ パワーコンテンツジャパン
氏 名 又 は 名 称	株式会社 パワーコンテンツジャパン
法 人 番 号	※個人の方は個人番号の記載は不要です。 1 2 3 4 5 0 0 0 0 6 7 8 9
（フリガナ）	ヨコスカ テルヒサ
代 表 者 氏 名	横須賀 輝尚 ㊞

❹法人番号を記載する

❷管轄の税務署名を記載する

新宿 税務署長殿

次の給与支払事務所等につき、所得税法第 216 条の規定による源泉所得税の納期の特例についての承認を申請します。

❺代表取締役の氏名を記載し、会社代表者印を押印する

給与支払事務所等に関する事項	給与支払事務所等の所在地 ※ 申請者の住所（居所）又は本店（主たる事務所）の所在地と給与支払事務所等の所在地とが異なる場合に記載してください。	〒 電話 － －			
	申請の日前 6 か月間の各月末の給与の支払を受ける者の人員及び各月の支給金額 〔外書は、臨時雇用者に係るもの〕	月 区 分	支 給 人 員	支 給 額	
		年 月	外 人	外 円	
		年 月	外 人	外 円	
		年 月	外 人	外 円	
		年 月	外 人	外 円	
		年 月	外 人	外 円	
		年 月	外 人	外 円	
	1 現に国税の滞納があり又は最近において著しい納付遅延の事実がある場合で、それがやむを得ない理由によるものであるときは、その理由の詳細 2 申請の日前 1 年以内に納期の特例の承認を取り消されたことがある場合には、その年月日				

税 理 士 署 名 押 印								㊞

※税務署 処理欄	部門	決算 期	業種 番号	番号	入力	名簿	通信 日付印	年 月 日	確認 印

01.06 改正

棚卸資産の評価方法の届出書

❶ 実際に提出する日を記載する

❸ 納税地（本店所在地）の住所と連絡先を記載する

❹ 会社名を記載する

❺ 法人番号を記載する

❷ 管轄の税務署名を記載する

❻ 代表取締役の氏名、住所を記載し、会社代表者印を押印する

❼ 事業内容を記載する

❽ 事業内容を記載する

❾ 評価方法は、事業内容にあったものとする

❿ ここに○印を入れる

⓫ 会社設立日を記載する

⓬ 不明な点は記載せずに、税務署、又は税理士に相談する

棚卸資産の評価方法の届出書

※整理番号

※通算グループ整理番号

提出法人	納　税　地	〒120～0001 東京都新宿区上原一丁目2番3号 電話(03）XXXX－XXXX
単体 連結 親法人 子法人	（フリガナ）	カブシキガイシャ　パワーコンテンツジャパン
	法 人 名 等	株式会社　パワーコンテンツジャパン
	法 人 番 号	1234500006789
	（フリガナ）	ヨコスカ　テルヒサ
	代表者氏名	横須賀　輝尚
	代表者住所	〒150～0001 東京都渋谷区大岡山二丁目3番4号
	事 業 種 目	食品販売　業

令和 6 年 5 月 1 日

新宿 税務署長殿

※税務署処理欄	整理番号
	部門
	決算期
	業種番号
	整理簿
	回付先　□ 親署 ⇒ 子署　□ 子署 ⇒ 調査課

連結子法人
（届出の対象が連結子法人である場合に限り記載）

（フリガナ）	
法 人 名 等	〒
本店又は主たる事務所の所在地	
（フリガナ）	
代表者氏名	
代表者住所	〒
事 業 種 目	業

棚卸資産の評価方法を下記のとおり届け出ます。

記

事業の種類（又は事業所別）	資 産 の 区 分	評 価 方 法
食品販売	商品又は製品	最終仕入原価
	半　製　品	
	仕掛品（半成工事）	
	主 要 原 材 料	
	補 助 原 材 料 その他の棚卸資産	

参考事項	1	新設法人等の場合には、設立等年月日	平成・令和 6 年 4 月 3 日
	2	新たに他の種類の事業を開始した場合又は事業の種類を変更した場合には、開始又は変更の年月日	平成・令和　年　月　日
	3	その他	

税 理 士 署 名 押 印	印

（規格A4）

※税務署処理欄	部門	決算期	業種番号	番号	整理簿	備考	通信日付印	年 月 日	確認印

01.06 改正

169

04 都道府県税事務所と市区町村役場に届出をしよう

税務署への届出の次は、都道府県税事務所と市区町村役場への届出です。税務署に提出した法人設立届書が4枚つづりになっていた場合は、その2枚目と3枚目を使います。4枚目は自社の控えになります。

01 事業開始等申告書を提出する

　届出の書式は、各自治体によって若干の違いがあります。4枚つづりになっているものはすべて同じものに見えますが、右側に提出先が書いてあります。1枚目が「税務署提出用」、2枚目が「都道府県税事務所提出用」、3枚目が「市町村提出用」となっており、4枚目が自社の控えです。

　提出は郵送でも可能ですが、直接窓口に出向けば控えに受領印を押してもらうこともできます。念のため、書類は控えを持っていたほうがいいでしょう。提出先の具体的な窓口名を間違えないように、各都道府県税事務所と市町村に確認してください。

　提出する際、添付書類として、「定款の謄本の写し」と「履歴事項全部証明書の写し」が必要です。ただし、添付書類や届出の書式、その届出に添付する書類の種類は、各自治体により若干の違いがあります。必ず事前に確認しておきましょう。

　なお、東京23区の場合は、区役所には提出しなくてもいいことになっています。

point

☑ 提出先を間違えないようにしよう
☑ 東京23区の場合は提出不要の書類もある

事業開始等申告書

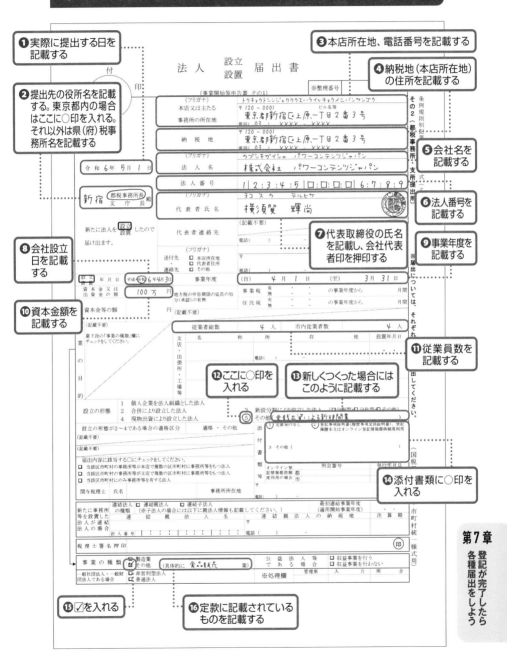

❶実際に提出する日を記載する

❷提出先の役所名を記載する。東京都内の場合はここに○印を入れる。それ以外は県（府）税事務所名を記載する

❸本店所在地、電話番号を記載する

❹納税地（本店所在地）の住所を記載する

❺会社名を記載する

❻法人番号を記載する

❼代表取締役の氏名を記載し、会社代表者印を押印する

❽会社設立日を記載する

❾事業年度を記載する

❿資本金額を記載する

⓫従業員数を記載する

⓬ここに○印を入れる

⓭新しくつくった場合にはこのように記載する

⓮添付書類に○印を入れる

⓯☑を入れる

⓰定款に記載されているものを記載する

付

印

法人 設立 届出書
設置

（事業開始等申告書　その1）

※整理番号

（フリガナ）　トウキョウトシンジュククウエバライチョウメニバンサンゴウ
本店又は主たる　東京都新宿区上原、一丁目2番3号
事務所の所在地　〒120-0001　ビル名等

納税地　〒120-0001
東京都新宿区上原、一丁目2番3号
電話（03）　XXXX‐XXXX

令和6年5月1日

（フリガナ）　カブシキガイシャ　パワーコンテンツジャパン
法人名　株式会社　パワーコンテンツジャパン

新宿　都税事務所長　殿
支庁長

法人番号　1 2 3 4 5 □ □ □ □ 6 7 8 9

（フリガナ）　ヨコスカ　テルヒサ
代表者氏名　横須賀　輝尚

新たに法人を設立したので
設置
届け出ます。

代表者連絡先（記載不要）
電話（　）

送付先　□本店所在地
連絡先　□代表者住所　〒
　　　　□その他　　電話（　）

設立年月日　平成令和6年4月3日　事業年度（自）4月1日　（至）3月31日

資本金又は出資金の額　100万円

事業税　有無　の事業年度から　月間
住民税　有無　の事業年度から　月間

資本金等の額　　円（記載不要）

従業者総数　4人　市内従業者数　4人

（記載不要）

最下段の「事業の種類」欄にチェックをしてください。

支店・出張所・工場等　名称　所在地　設置年月日
電話（　）

設立の形態
1　個人企業を法人組織とした法人
2　合併により設立した法人
3　現物出資により設立した法人
4　その他（　全銭出資による新規開業　）
5　新設分割により設立した法人　（□適格現物分割　□分割型　□その他）

設立の形態が2～4である場合の適格区分　適格・その他

（記載不要）

届出内容に該当する□にチェックをしてください。
□　当該市町村の事務所等が本店で複数の区市町村に事務所等をもつ法人
□　当該市町村の事務所等が支店で複数の区市町村に事務所等をもつ法人
□　当該市町村にのみ事務所等を有する法人

関与税理士　氏名　事務所所在地

添付書類等
□定款等の写し　□登記簿謄本（履歴事項全部証明書）、登記簿謄本又はオンライン登記情報提供制度利用
□その他（　）

オンライン登記情報提供制度利用の場合　照会番号　発行年月日　都　市

（国税）

新たに事務所等を設置した法人が連結法人の場合
連結法人の種類　□連結親法人　□連結子法人
（※子法人の場合には以下に親法人情報も記載してください。）
連結親法人　　連結親法人の納税地　　最初連結事業年度（適用開始事業年度）　決算期
法人番号　　電話（　）

税理士署名押印　　㊞

事業の種類　□製造業　☑その他　（具体的に　食品販売　業）
一般社団法人・一般財団法人である場合　□非営利型法人　□普通法人

公益法人等である場合　□収益事業を行う　□収益事業を行わない
※処理欄　管理番号　入　力　照　合

その2（都税事務所・支所提出用）　※届出については、それぞれ提出してください。（国税）　市町村統一様式用

05 ｜ 年金事務所に届出をしよう

株式会社を設立すると、社会保険・厚生年金に加入をしなければなりません。これは任意ではなく、強制加入となっています。もちろん、社長1名の会社であっても、加入しなければなりません。社会保険料は会社と従業員で折半することになります。

01　会社設立後、年金事務所に届出をしよう

　株式会社を設立すると、社会保険と厚生年金への加入手続きをしなければなりません。これは強制加入です。1名で設立する株式会社であっても、加入は義務づけられています。社会保険料は、会社と従業員で折半することになります。ただし、役員報酬が0円の場合は社会保険に加入できませんので、注意してください。

年金事務所で手続きする

　年金事務所にも管轄があります。提出する前に、ウェブサイトなどで管轄の年金事務所を調べておきましょう。

日本年金機構ウェブサイト
https://www.nenkin.go.jp/

　年金事務所に出向くと、設立後に提出が必要な書類が一式揃っているので、窓口で職員の説明を聞きながら手続きを済ませることが可能です。

　なお、社会保険に関しては、役員報酬を支払うことになったら、直ちに加入しましょう。正社員として会社に勤務しながら、副業として事業を行う人もいるでしょう。

　社会保険が二重で加入になる可能性もありますので、社会保険労務士に相談してみることをおすすめします。

会社設立後に年金事務所に提出する必要書類

年金事務所への届出	・新規適用届 ・被保険者資格取得届 ・被扶養者（異動）届
添付書類	・登記事項証明書（発行後3カ月以内） ・賃貸借契約書の写し　※本店所在地と異なる場合 ・預金口座振替依頼書
その他の提出書類	・出勤簿（タイムカードでも可） ・労働者名簿（市販の用紙） ・賃金台帳（市販の用紙）

02 年金の専門家は「社会保険労務士」

　もし、社会保険や年金の手続きで不明なことがあれば、その問題を解決してくれるのは、社会保険労務士です。中には年金を専門にしない社会保険労務士もいますが、基本的な手続きはどの社会保険労務士でも対応可能だといえます。ですから、もしこの手続きに関して疑問や不安がある場合には、社会保険労務士に相談することも可能ですし、また社会保険労務士に手続きの代理そのものを依頼することも可能です。

03 社会保険、厚生年金の加入は義務

　法律上は、株式会社を設立した場合、社会保険と厚生年金の加入は義務です。しかしながら、資金繰りの関係で加入したくてもできない会社は数多く存在していました。以前は無加入に関して、ある意味では黙認のような状態だったこともあるようですが、最近は加入に関して、役所も積極的に無加入の会社に加入の連絡をしているようで、会社を設立した以上、これは避けられない義務であることも、忘れては

ならないことだと覚えておきましょう。社会保険が払えずに会社を畳む事業者や、個人事業主に戻る事業者は昨今では少なくありません。

　社会保険料率は年々増加しているのが現状で、この流れはしばらく続くことが予想されます。

　加入せず、ある程度期間が過ぎてしまえば、当然罰則のようなものもありますので、できる限り速やかに手続きは済ませたいものです。

届出をしないとペナルティーがある場合も

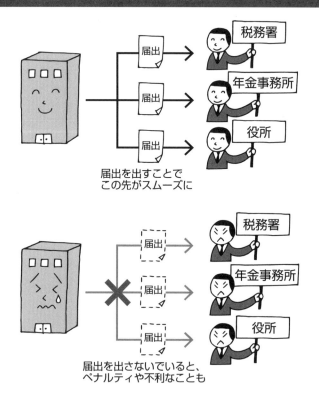

届出を出すことで
この先がスムーズに

届出を出さないでいると、
ペナルティや不利なことも

point

☑ 各役所の書式の違いに注意しよう
☑ 提出に迷ったときは、担当窓口か各専門家に相談しよう

健康保険・厚生年金保険　新規適用届

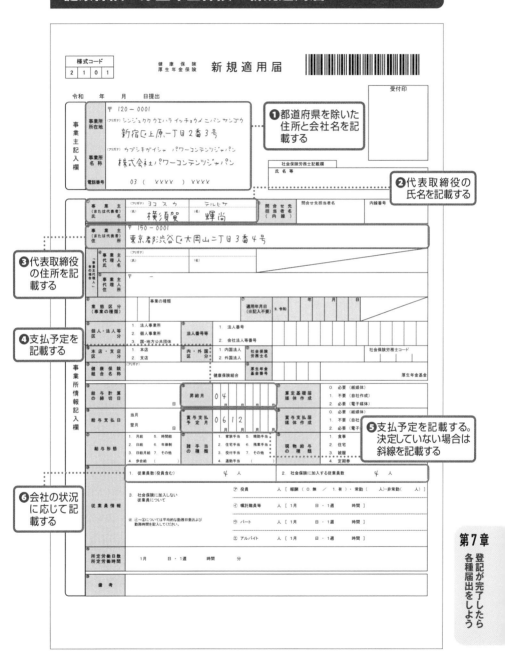

被保険者資格取得届　70歳以上被用者該当届

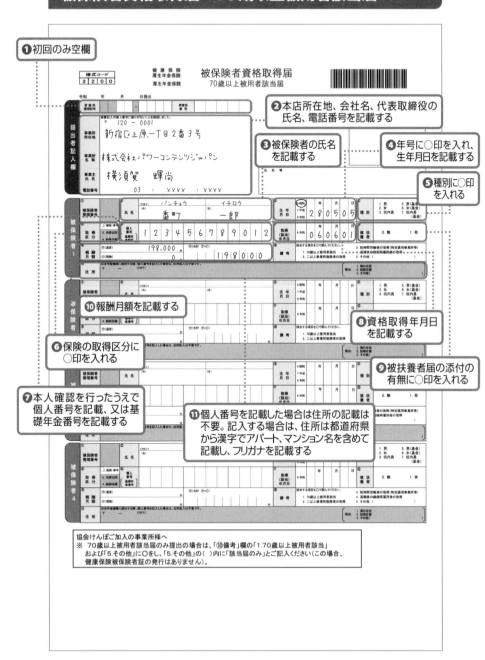

❶初回のみ空欄

様式コード
2 2 0 0

健康保険
厚生年金保険

被保険者資格取得届
70歳以上被用者該当届

令和　年　月　日提出

❷本店所在地、会社名、代表取締役の氏名、電話番号を記載する

〒 120 - 0001
新宿区上原、一丁目2番3号
株式会社パワーコンテンツジャパン
横須賀　輝尚
03 (XXXX) XXXX

❸被保険者の氏名を記載する

❹年号に○印を入れ、生年月日を記載する

❺種別に○印を入れる

氏名　バンチョウ　イチロウ
番町　一郎

生年月日 280505

1 2 3 4 5 6 7 8 9 0 1 2

取得年月日 060601

種別

被扶養 0. 無　1. 有

報酬月額 198.000　1980000

❿報酬月額を記載する

❽資格取得年月日を記載する

❻保険の取得区分に○印を入れる

❾被扶養者届の添付の有無に○印を入れる

❼本人確認を行ったうえで個人番号を記載、又は基礎年金番号を記載する

⓫個人番号を記載した場合は住所の記載は不要。記入する場合は、住所は都道府県から漢字でアパート、マンション名を含めて記載し、フリガナを記載する

協会けんぽご加入の事業所様へ
※ 70歳以上被用者該当届のみ提出の場合は、「⑩備考」欄の「1.70歳以上被用者該当」
　および「5.その他」に○をし、「5.その他」の（ ）内に「該当届のみ」とご記入ください（この場合、
　健康保険被保険者証の発行はありません）。

健康保険被扶養者（異動）届　第3号被保険者関係届

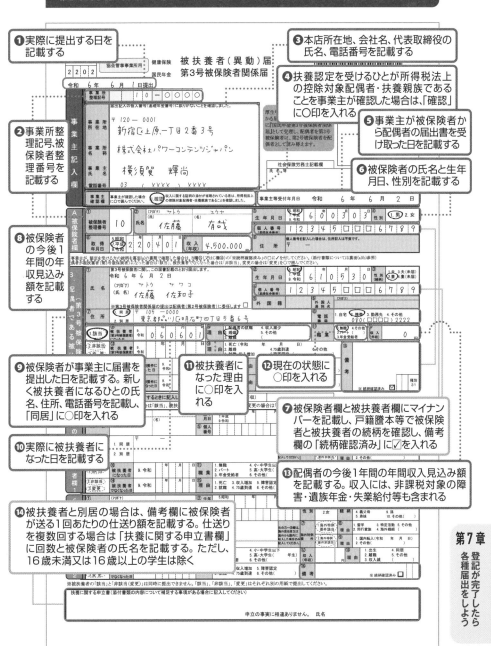

❶ 実際に提出する日を記載する

❷ 事業所整理記号、被保険者整理番号を記載する

❸ 本店所在地、会社名、代表取締役の氏名、電話番号を記載する

❹ 扶養認定を受けるひとが所得税法上の控除対象配偶者・扶養親族であることを事業主が確認した場合は、「確認」に〇印を入れる

❺ 事業主が被保険者から配偶者の届出書を受け取った日を記載する

❻ 被保険者の氏名と生年月日、性別を記載する

❼ 被保険者欄と被扶養者欄にマイナンバーを記載し、戸籍謄本等で被保険者と被扶養者の続柄を確認し、備考欄の「続柄確認済み」に☑を入れる

❽ 被保険者の今後1年間の年収見込み額を記載する

❾ 被保険者が事業主に届書を提出した日を記載する。新しく被扶養者になるひとの氏名、住所、電話番号を記載し、「同居」に〇印を入れる

❿ 実際に被扶養者になった日を記載する

⓫ 被扶養者になった理由に〇印を入れる

⓬ 現在の状態に〇印を入れる

⓭ 配偶者の今後1年間の年間収入見込み額を記載する。収入には、非課税対象の障害・遺族年金・失業給付等も含まれる

⓮ 被扶養者と別居の場合は、備考欄に被保険者が送る1回あたりの仕送り額を記載する。仕送りを複数回する場合は「扶養に関する申立書欄」に回数と被保険者の氏名を記載する。ただし、16歳未満又は16歳以上の学生は除く

06 労働基準監督署と ハローワークに届出をしよう

税務署、都道府県税事務所、市町村役場、年金事務所への届出が終わったら、次は必要に応じて労働基準監督署と公共職業安定所（ハローワーク）への届出をすることになります。

01 届出をするタイミングを見極める

　税務関係と社会保険関係の手続きは、1名の会社であっても必ずしなければなりませんが、労働基準監督署と公共職業安定所への届出は、従業員を雇ったときに行います。1名で設立する株式会社であれば、この手続きはひとまず必要はありません。誰も雇わないのであれば読み飛ばしていただいても構いませんが、将来的に雇う可能性があるのでしたらご一読ください。

　労働基準監督署では「労災保険」に、公共職業安定所では「雇用保険」に加入するための手続きをします。

「労災保険」とは、業務中や通勤中などに労働者がケガをしたり死亡したりした際に、労働者や遺族に給付される保険のことを指します。「雇用保険」とは、労働者が失業した場合に基本手当（失業手当）として給付される保険のことです。

　取締役1名2名の会社の場合は、比較的小さな組織規模が予想されますが、従業員を雇うことがあれば、労働基準監督署と公共職業安定所にきちんと届出をするようにしましょう。

point

☑ 労務関連の手続きの不明点は、社会保険労務士に相談しよう
☑ 従業員採用の有無で、提出書類が変わる点に注意

労働基準監督署と公共職業安定所への届出

届出先	提出書類
労働基準監督署	・労働保険保険関係成立届 ・適用事業報告 ・概算保険料申告書 【添付書類】 　・会社の登記事項証明書 　・従業員名簿 　・出勤簿（タイムカード可）
公共職業安定所	・雇用保険適用事業所設置届 ・被保険者資格取得届 ・労働保険保険関係成立届の事業主控え（労働基準監督署の受付印のあるもの） 【添付書類】 　・会社の登記事項証明書 　・従業員名簿 　・賃金台帳 　・出勤簿（タイムカードでも可）

全国労働基準監督署の所在案内
https://www.mhlw.go.jp/stf/seisakunitsuite/bunya/
koyou_roudou/roudoukijun/location.html

全国ハローワークの所在案内
https://www.mhlw.go.jp/kyujin/hwmap.html

労働保険保険関係成立届

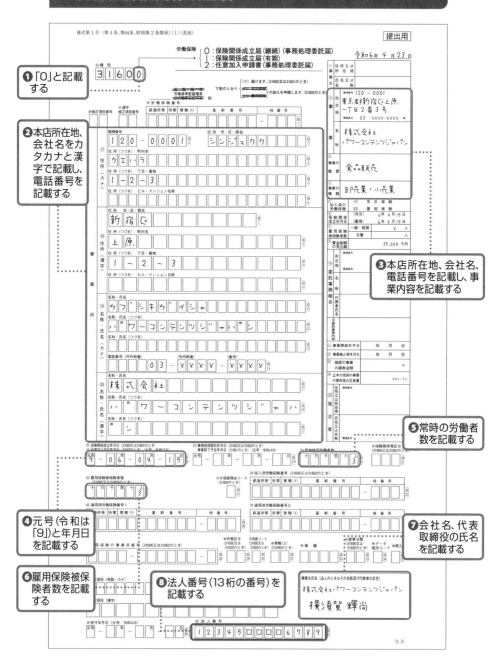

❶「O」と記載する

❷本店所在地、会社名をカタカナと漢字で記載し、電話番号を記載する

❸本店所在地、会社名、電話番号を記載し、事業内容を記載する

❺常時の労働者数を記載する

❹元号（令和は「9」）と年月日を記載する

❻雇用保険被保険者数を記載する

❼会社名、代表取締役の氏名を記載する

❽法人番号（13桁の番号）を記載する

180

適用事業報告

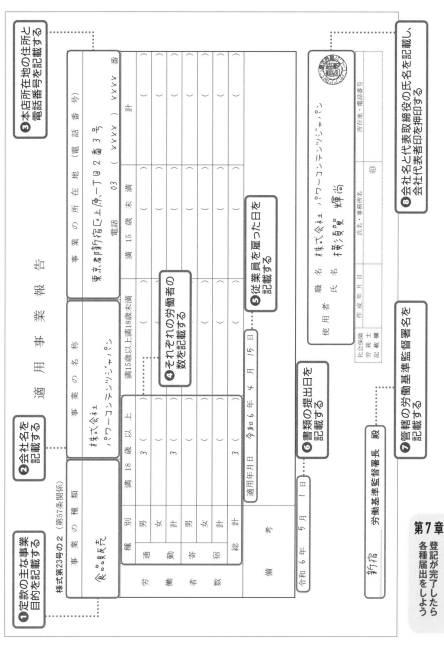

❶定款の主な事業目的を記載する

❷会社名を記載する

❸本店所在地の住所と電話番号を記載する

❹それぞれの労働者の数を記載する

❺従業員を雇った日を記載する

❻書類の提出日を記載する

❼管轄の労働基準監督署名を記載する

❽会社名と代表取締役の氏名を記載し、会社代表者印を押印する

様式第23号の2 (第57条関係)

適 用 事 業 報 告

事業の種類	事 業 の 名 称	事 業 の 所 在 地 （電 話 番 号）
食品販売	株式会社 パワーコンテンツジャパン	東京都新宿区上原一丁目2番3号 電話 03 （ ХХХХ ） ХХХХ 番

労働者数	種別	満 18 歳 以 上	満15歳以上満18歳未満	満 15 歳 未 満	計
	男	3	（ ）	（ ）	（ ）
	女		（ ）	（ ）	（ ）
通勤	計	3	（ ）	（ ）	（ ）
	男	3	（ ）	（ ）	（ ）
寄宿	女		（ ）	（ ）	（ ）
	計	3	（ ）	（ ）	（ ）
	総 計		（ ）	（ ）	（ ）

備 考	

適用年月日 令和 6 年 4 月 15 日

令和 6 年 5 月 1 日

新宿 労働基準監督署長 殿

使用者 職 名 株式会社 パワーコンテンツジャパン

氏 名 株式員負 輝尚

社会保険
労務士
記載欄

作 成 年 月 日

氏名・事業所名 ㊞

所在地・電話番号

雇用保険適用事業所設置届　1枚目

❶法人番号を記載する

雇用保険適用事業所設置届

❷提出日を記載する

（必ず第2面の注意事項を読んでから記入してください。）
※　事業所番号

帳票種別
|1|2|0|0|1|

1. 法人番号（個人事業の場合は記入不要です。）
|1|2|3|4|5|□|□|□|6|7|8|9|

下記のとおり届けます。

公共職業安定所長　殿

令和　6　年　5　月　1　日

2. 事業所の名称（カタカナ）
|カ|ブ|シ|キ|ガ|イ|シ|ャ|パ|ワ|ー|コ|ン|テ|ン|ツ|シ|゛|ャ|パ|ン|

事業所の名称〔続き（カタカナ）〕

❸会社名をカタカナで記載する

3. 事業所の名称（漢字）
|株|式|会|社|パ|゜|ワ|ー|コ|ン|テ|ン|ツ|シ|゛|ャ|パ|

事業所の名称〔続き（漢字）〕
|゜|ン|

❹会社名を漢字で記載する

4. 郵便番号
|1|2|0|-|0|0|0|1|

❺本店所在地を記載する

5. 事業所の所在地（漢字）※市・区・郡及び町村名
|新|宿|区|上|原|

事業所の所在地（漢字）※丁目・番地
|一|丁|目|2|番|3|号|

事業所の所在地（漢字）※ビル、マンション名等

6. 事業所の電話番号（項目ごとにそれぞれ詰めて記入してください。）
|0|3|-|X|X|X|X|-|X|X|X|X|

❻電話番号を記載する

7. 設置年月日
|5|-|0|6|0|4|1|5|
（3 昭和　4 平成）
（5 令和）

元号　年　月　日

8. 労働保険番号
| | | | | | | | | | | | | | |
府県　所掌　管轄　基幹番号　枝番号

❼従業員をはじめて雇った日を記載する

❽労働保険番号を記載する

9. 設置区分
□（1 当所　2 任意）

10. 事業所区分
□（1 個別　2 委託）

11. 産業分類
□

12. 台帳保存区分
□（1 日被保険者のみの事業所　2 船船所有者）

13.事　業　主	（フリガナ）	トウキョウトシンジュククウエハライチョウメニバンサンゴウ
	住　所 （法人のときは主たる事業所の所在地）	東京都新宿区上原、一丁目2番3号
	（フリガナ）	ウブシキガイシャパワーコンテンツジャパン
	名　称	株式会社パワーコンテンツジャパン
	（フリガナ）	ヨスゥカ　テルヒサ
	氏　名 （法人のときは代表者の氏名）	横須賀　輝尚

14. 事業の概要
（漁業の場合は漁船の総トン数を記入すること）
食品販売

15. 事業の開始年月日　令和 6 年 4 月 15 日

16. 廃止年月日　※事業の　令和　年　月　日

17. 常時使用労働者数　　3　人

18. 雇用保険被保険者数　一　般　　3　人

19. 賃金

20. 雇用保険担当課名　　課

21. 社会保険加入状況　健康保険／厚生年金保険／労災保険

❾本店所在地、会社名、代表取締役の氏名を記載する

❿該当する人数を記載する

| 備考 | ※所長 | 次長 | 課長 | 係長 | 係 | 操作者 |

（この届出は、事業所を設置した日の翌日から起算して10日以内に提出してください。）

2021. 9 ■

⓫主な事業目的を記載する

⓬設立日を記載する

182

雇用保険適用事業所設置届　2枚目

注　意

1. □□□で表示された枠（以下「記入枠」という。）に記入する文字は、光学式文字読取装置（ＯＣＲ）で直接読取を行いますので、この用紙を汚したり、必要以上に折り曲げたりしないでください。
2. 記載すべき事項のない欄又は記入枠は空欄のままとし、※印のついた欄又は記入枠には記載しないでください。
3. 記入枠の部分は、枠からはみ出さないように大きめの文字によって明瞭に記載してください。
4. 1欄には、平成27年10月以降、国税庁長官から本社等へ通知された法人番号を記載してください。
5. 2欄には、数字は使用せず、カタカナ及び「－」のみで記載してください。
    カタカナの濁点及び半濁点は、1文字として取り扱い（例：ガ→⑦□、パ→⑦□）、また、「ヰ」及び「ヱ」は使用せず、それぞれ「イ」及び「エ」を使用してください。
6. 3欄及び5欄には、漢字、カタカナ、平仮名又は英数字（英字については大文字体とする。）により明瞭に記載してください。
7. 5欄1行目には、都道府県名は記載せず、特別区名、市名又は郡名とそれに続く町村名を左詰めで記載してください。
    5欄2行目には、丁目及び番地のみを左詰めで記載してください。
    また、所在地にビル名又はマンション名等が入る場合は5欄3行目に左詰めで記載してください。
8. 6欄には、事業所の電話番号を記載してください。この場合、項目ごとにそれぞれ左詰めで、市内局番及び番号は「－」に続く5つの枠内にそれぞれ左詰めで記載してください。（例：03-3456-XXXX→ ⓪③□□□－③④⑤⑥－□XXXX□ ）
9. 7欄には、雇用保険被保険者となる事業を開始した年月日を記載してください。この場合、元号をコード番号で記載した上で、年、月又は日が1桁の場合は、それぞれ10の位の部分に「０」を付加して2桁で記載してください。
    （例：平成14年4月1日→ ④－①④⓪④⓪① ）
10. 14欄には、製品名及び製造工程又は建設の事業及び林業等の事業内容を具体的に記載してください。
11. 18欄の「一般」には、雇用保険被保険者のうち、一般被保険者数、高年齢被保険者数及び短期雇用特例被保険者数の合計数を記載し、「日雇」には、日雇労働被保険者数を記載してください。
12. 21欄は、該当事項を○で囲んでください。
13. 22欄は、事業所印と事業主印又は代理人印を押印してください。
14. 23欄は、最寄りの駅又はバス停から事業所への道順略図を記載してください。

お願い

1. 事業所を設置した日の翌日から起算して10日以内に提出してください。
2. 営業許可証、登記事項証明書その他記載内容を確認することができる書類を持参してください。

22.登録印	事業所印影	事業主（代理人）印影	改印欄（事業所・事業主）			改印欄（事業所・事業主）			改印欄（事業所・事業主）		
			改印年月日	令和 年 月 日		改印年月日	令和 年 月 日		改印年月日	令和 年 月 日	

23.最寄りの駅又はバス停から事業所への道順

⓭概略図を記載する

労働保険事務組合記載欄

所在地

名　称

代表者氏名

委託開始　　　　令和　　年　　月　　日

委託解除　　　　令和　　年　　月　　日

社会保険労務士記載欄	作成年月日・提出代行者・事務代理者の表示	氏　名	電話番号

※　本手続は電子申請による届出も可能です。詳しくは管轄の公共職業安定所までお問い合わせください。
　なお、本手続について、社会保険労務士が電子申請により本届書の提出に関する手続を事業主に代わって行う場合には、当該社会保険労務士が当該事業主の提出代行者であることを証明することができるものを本届書の提出と併せて送信することをもって、当該事業主の電子署名に代えることができます。

07 副業の場合の注意点

会社に勤務したまま、副業で独立起業することは、最近では珍しいことではありません。売上が伸びていけば、当然、法人設立も視野に入り、そういった理由で本書を手に取られた方も多いと思います。

01 勤務先に副業禁止規定がある

勤務先の就業規則には、副業禁止規定が記載されていることがあります。最近では、副業を容認する企業も増えてきてはいますが、まずは「規定があるのか」を確認することが重要です。

02 代表取締役として登記される

会社を設立したことを、勤務先に通知されることはありません。しかし、代表者として登記すれば、調べることは可能です。そのため、配偶者を役員にするなどして、会社に露呈することを防ぐ方法もあります。

03 給与の支払い

法人登記しただけでは、会社にバレることはまずありませんが、自分自身が自らの法人から給与をもらった場合、住民税が発生するので注意が必要です。会社員の多くは、給与から天引きの「特別徴収」で住民税を支払っているので、自分が設立した会社から給与をもらうと、勤務先の住民税も増えることになります。そのため、自分では給与をもらわない、あるいは配偶者などの親族を給与支払い先にするのが賢明といえるでしょう。

04 会社にバレてしまう危険性

その他、意外なところから情報は漏れるものです。どのようなケースが考えられるでしょうか。

会社の名刺を配布

例えば、あなたがまだサラリーマンとして勤務している場合。勉強のために異業種交流会やセミナーなどに参加したときには、名刺交換をするケースは多いです。

その際に、主催者が「起業支援」などとうたっている場合には注意が必要です。名刺交換のあと、名刺の住所宛にダイレクトメールが届くこともあります。その際、封筒に「起業支援」などとキャッチコピーがついていて、それを上司が見つけたら……。これは怪しまれて当然です。名刺を配る場合には、会社の名刺ではなく、個人で別途つくった名刺にするといいでしょう。

SNSでの情報発信

XやFacebook、InstagramなどのSNSで個人が情報発信をすることが当たり前となりました。「これは個人的なもの」と考えていても、投稿すればその様子が広がってしまう可能性はあります。

例えば、Facebookへの投稿であれば、前述のセミナー参加者にタグ付けされたりすることで情報が漏れたりするかもしれません。そのため、SNSのプライバシー設定の強化や、あるいはそうした情報の投稿を控えるなどの対策が必要になります。

細かいことをいえば、前述のような起業支援セミナーに出て、講師とFacebook上の「友達」になる。そうするだけで、他人から見れば「起業に興味がある」と見られる可能性は否定できません。それでも、どうしても個人的な情報発信をしたいのであれば、ビジネスネームを使用するなど、ひと工夫したうえで行動するのがいいでしょう。

> **point**
> ☑ 勤務先の副業禁止規定は必ず確認しよう
> ☑ SNSでの投稿には気を付けよう

Part2
株式会社を運営する

「会社設立の登記が完了して一安心……」
しかし、会社設立はゴールではなく、スタートです。
本格的に事業をはじめるためにやっとの思いで設立した株式会社。
喜びもひとしおではありますが、ここからが重要です。
これから1年、5年、10年……と、会社経営を続けていくために覚えて
おいたほうがいい知識や手続きはたくさんあります。
Part2では、その中でも特に重要な知識や手続きについて説明します。

Part2-1
株式会社のことを、さらに知るための質問集

Q いわゆる見せ金で会社を設立しても問題ないですか?

A 会社や社長の信用にかかわることなので
絶対にやめましょう。

Check! 解説　一時的に他者から借りたお金を設立時の資本金として会社を設立し、設立したあとすぐに返済することを「見せ金」といいます。創業融資を受けたい場合、自己資金がないと融資を受けられないという事情があるため、このような見せ金をして会社を設立するということが、しばしば見受けられます。しかし、金融機関は見せ金を見破ります。その資本金の出所まで調査をするからです。また、あるはずのない資本金をあると見せかけたことで、決算書が汚れてしまいます。将来にわたって、悪影響を及ぼす結果になるので、見せ金は絶対にやめましょう。

Q 資本金を1円で設立しても問題ないでしょうか?

A 設立は可能ですが、信用面で不安が残ります。

Check! 解説　以前は、株式会社が1,000万円、有限会社が300万円という最低資本金規制がありましたが、現在は廃止され資本金が1円でも会社を設立することが可能になりました。このため、会社を設立する人が増えましたが、だからといって1円で設立することはおすすめしません。その理由は、資本金が1円では会社を設立する費用が賄えず、会社を設立した瞬間から赤字の会社になってしまうからです。

　赤字会社に対する金融機関の対応は実務上、かなり厳しいものがあります。融資を受けることはもちろん、法人口座すら開設できないこともしばしばです。

　口座がないと取引が事実上難しくなるため、何のために会社を設立したのかがわからなくなります。ですから、会社を設立

するときの資本金は、最低でも設立費用以上にすることをおすすめします。

Q 配偶者（夫、妻）を取締役にしても大丈夫でしょうか？

A 可能ですが、"名前だけ"とならないように注意してください。

Check! 解説 　配偶者を役員にすることはまったく問題ありませんが、実際は名前だけで、役員としての地位にない場合は注意が必要です。「節税のために名前だけを借りて、配偶者や親族を役員にして役員報酬を支払う」という話を聞くことはよくありますが、税務調査が入ったときに否認されるおそれがあるので、くれぐれも注意してください。

　役員に就任すると責任も発生しますので、就任してもらう場合は配偶者といえども、必ず説明するべきでしょう。役員報酬を支払う場合、配偶者が他社からも給与や報酬をもらっていると、副業禁止や社会保険の問題も考えられますので、税理士に相談しましょう。

Q 未成年の自分の子どもを取締役にしても大丈夫でしょうか？

A 可能ですが、親権者の同意書などが必要になります。

Check! 解説 　自分の子どもかどうかにかかわらず、未成年者を取締役などの役員に就任させる場合、その未成年者の親権者の同意書が必要になります。同意書には親権者の実印の押印が必要になるので、印鑑登録証明書も必要です。親権者かどうかを証明するために、戸籍謄本の提出も必要になります。また、未成年者本人も印鑑登録証明書が必要になりますが、もし印鑑登録できない場合は、公的個人認証による電子証明書もしくは、公証人の認

証を受けた認証書を利用して、印鑑登録証明書の代わりとすることができるようになりました。

　仮に、自分の子どもを取締役にした場合、同時に責任も負うことになりますから、「取締役になることでどのようなリスクがあるのか」「どのような影響があるのか」をよく理解してもらったうえで、取締役に選任しましょう。

Q　同じ名前の会社があるようですが、大丈夫でしょうか?

A　同じ名前という理由だけで不正とみなされることはありませんが、注意は必要です。

Check!　解説　平成18年（2006年）に会社法が施行されるまでは、「類似商号の禁止」という規制があり、他社と類似した商号を同一行政区画で使用することに制限がありました。

　そのため、会社を設立するときには、「似たような会社名がすでに存在していないか」を調査する必要がありました。さらに、設立するときだけではなく、本店を移転するときにも、「移転先に自社と類似した会社名の会社がすでに存在していないか」を調べる必要がありました。実際に法務局でも厳格に調査を行い、類似商号に該当すると判断された場合には登記ができない取り扱いでした。

　しかし前述のとおり、その制度は撤廃されたので、既存の会社と類似した会社名でも設立することは可能になりました。

　ただし、同じ名前の会社名で、まったく同じ本店所在地に設立することは現在もできません。

　また、不正の目的で他社と類似する会社名にして設立することは、不正競争防止法などの法律に違反する可能性があるため注意してください。有名な大企業をイメージさせるような会社名についても同様です。損害賠償などの大きなリスクを抱えることになります。

Q 会社を設立したときに発行した定款を紛失したけれど、
大丈夫でしょうか?

A 再発行も可能ではありますが、
認証不要で再作成でも特段問題はありません。

Check!
解説　定款を認証した際に発行された定款を、「原始定款」といいま
す。この原始定款は認証した公証役場にて20年間保管されて
いるので、必要な場合は再発行を申し出ることも可能です。

　ただし、原始定款が必要な手続きは会社設立登記くらいで、
その他の手続きでは原始定款に限られないことがほとんどで
す。口座開設については、金融機関によって原始定款を要求す
るところがあるかもしれません。ただ、基本的には、原始定款
がなくても手続きを行えるところは多いでしょう。

　定款を作成していれば、Wordファイルなどで保管している
と思いますので、それを印刷して最後に「本定款は現行の定款
に相違ありません」という奥書きとともに、「日付」と「本店所
在地・会社名・代表取締役○○○○」の記載と「会社代表者
印」が押印されていれば、それがその会社の定款であるという
取り扱いになります。

　設立後に定款の内容に変更があった場合には、保管している
定款のWordファイルを修正し、定款変更日がわかるように記
載して、更新を行います。その際は特に、定款認証の手続きは
必要ありません。定款の認証が必要なのは、設立時だけとなり
ますので注意してください。

Q 議決権をできれば持たせたくない出資者がいるのですが、
可能でしょうか?

A 種類株式を発行することで可能になります。

Check!
解説　「会社に出資を行ってくれるのは嬉しいのだけれど、議決権の
割合を多く持たれてしまうのは不安……」と感じる起業家は少

なくありません。そのような場合には、「種類株式」を発行することで対応します。

　種類株式とは、普通株式と権利の内容が異なる株式のことです。どのような内容を設定できるのかは会社法に規定してあるのですが、その中で議決権を制限する株式というものを発行することができます。

　株主の中には経営に興味がなく、配当などの投資目的で出資するひとが少なくありません。そのため、議決権を制限する代わりに、配当を普通株式よりも多くもらえるように設定するなどの設計が可能になります。そうすることで、起業家や経営者は議決権については影響がないので、経営に専念できるというメリットがあります。

　もちろん、出資したいひとが「議決権がないと困る、経営にも参画したい」という意図があると、種類株式の発行では対応が困難な可能性も出てきますので、投資家とはよく話し合いをしてください。

Q 海外に移住することになったのですが、会社はそのままでも大丈夫ですか?

A 登記上は問題ありませんが、事実上難しい場合もあります。

Check!
解説　昨今、海外に滞在しながら、日本でビジネスを行う事例が増えてきました。このことに関しては、特に問題はありません。

　以前は代表取締役のうち、最低1名は日本に住所を有する必要がありましたが、その制限は撤廃されました。

　例えば、ひとり社長が海外に移住して、日本でビジネスを行うことは可能といえば可能です。ただし、役所の手続きや金融機関の手続きで、社長本人の面談が必要な場合は少なくありません。また、万が一、税務調査の立ち合いが急遽必要になった場合、海外に滞在していることで起こり得る「困難な事例」は

数え切れません。そうなるとやはり日本に1名は、社長以外にも社長同様の権限がある役員が必要になるのではないか、と懸念されます。

　海外に移住を検討する際は、想定できるリスクを可能な限り洗い出しておくことをおすすめします。

Q 　**電子公告を採用したいのですが、大丈夫ですか?**

A 　**一見便利に見える電子公告ですが、注意が必要です。**

Check! **解説**　電子公告は、自社のウェブサイトに決算や法定された内容を公告する方法です。

　公告方法は、一般的に官報を採用する会社が多いですが、電子公告を採用する企業も増えてきました。

　自社のウェブサイトに掲載できるなら費用がかからないので、官報よりも電子公告のほうが費用を節約できるのではないかと考えるひとも多いでしょう。

　とはいえ、電子公告の場合は注意が必要です。まず決算についての公告は、官報の場合は貸借対照表の要旨でいいのですが、電子公告の場合は要旨ではなく、貸借対照表そのものを過去5年分掲載する必要があります。

　また合併などで公告を必要とする場合、公告掲載期間中にサーバーがダウンして閲覧できない状態になっていたかを、調査機関に調査をしてもらう必要があります。その調査費用が現状では安い費用ではないので、「それなら官報にしようか」と公告方法を官報にする企業は少なくありません。電子公告を採用する場合は、どれくらいの費用がかかるのかをあらかじめ確認しておきましょう。

　ちなみに電子公告を採用する場合、掲載するウェブサイトのURLを登記する必要があります。

Q 合同会社に変更したいのですが、可能ですか?

A 可能です。

Check!
解説　合同会社から株式会社に組織変更することは可能です。一方、株式会社から合同会社に組織変更することも可能です。株式会社は役員の任期や法定公告の義務など、合同会社に比べると手続き的な制約があります。

　そのような理由から、「法人格は維持したいけれど、コストを抑えたい」などという場合には、株式会社から合同会社への組織変更をするという選択肢も出てきます。債権者保護の手続きや公告、組織変更計画の作成など、新たに株式会社を設立するよりも複雑な手続きが必要ないので、司法書士に相談することをおすすめします。合同会社に変更したあとに、再度株式会社に組織変更することも可能です。

Q 許認可が必要な事業を新たにはじめたいのですが、どうしたらいいですか?

A 新たにはじめる事業の許認可を専門とする行政書士に相談してください。

Check!
解説　会社で許認可を取得する場合、規模や内容にもよりますが、専門の行政書士に依頼することをおすすめします。

　許認可の取得は経営の根幹にかかわることですから、予定どおり取得できなかった場合は多額の損失を計上することになる可能性も出てきます。「餅は餅屋」というくらいですから、専門の行政書士に依頼しましょう。現在は、ウェブ検索で見つける方も多いと思います。また、同業者がいれば紹介してもらうのが安心かもしれません。

　行政書士の業務も多岐に渡り、専門特化する行政書士も増えてきました。費用が不安でしたら、あらかじめ見積もりをお願

いしておけば、見積もりを出してくれる事務所がほとんどです。一方、まだ事業目的について定款変更をしていない場合は、定款変更が必要になります。その場合でも、定款変更や登記変更の手続きをする前に、行政書士に相談することをおすすめします。

　事業目的も「ただ追加すればいい」というわけではなく、自治体や役所によって追加してほしい文言が異なってきます。「せっかく登記まで変更したのに、許認可が取得できずに再度登記変更しなくてはならない」ということもありますので、注意してください。

Q 株券を発行して株式を譲渡したい株主がいるけれど、株券を発行してもいいのでしょうか?

A 株式を発行するためには、定款変更をする必要があります。

Check! 解説

　株券を発行できるかどうかについて、以前は「原則株券発行会社」でした。つまり、定款変更の必要はなく、株券を発行して株主に渡すことで、株主としての地位を確認してもらうことができました。

　現在では、「株券不発行会社」が原則となっています。設立時に株券発行会社として設立していれば、株券を発行できますが、設立時から株券発行会社という会社は、現在はほとんど存在しません。ですので、もし株券を発行したいと考えた場合は、まずは株券発行会社へと定款を変更する必要があります。

　定款変更をして、登記の申請もして、会社の登記に反映されてから、実際に株券を発行することになります。

　株券を発行する場合、誰に株券を発行して誰に発行していないかなどを明確にしておかないと、トラブルのもとになります。株主名簿への記載も、株券を発行しない場合に比べて、煩雑になるので注意してください。

Q 「会長」「専務」「常務」などの役職を登記したいのですが、可能でしょうか?

A 役職名を登記することはできません。

Check! **解説**　　登記できる役職名は限られています。「取締役や代表取締役という肩書に社長、会長、専務、常務などの役職名を会社の事情により付け加えたい」というニーズはありますが、現在これらの役職を登記することはできません。

　もちろん、社内での役職として付け加えることは問題ありません。同様に「社外取締役として常勤ではないことがわかるように登記したい」というニーズもありますが、社外取締役の登記をするためには要件があり、ほとんどの場合で登記することまではできませんので、確認しておいてください。

Q 裁判所から過料通知が届いたけれど、無視して大丈夫?

A 絶対に無視は避けてください。

Check! **解説**　　会社の登記事項に変更が生じたとき、2週間以内に登記をしなければならない(会社法第915条1項)と会社法には定められています。また、この法律の規定による登記を怠ったときは、100万円以下の過料に処するという規定(会社法第976条1項)もあります。ただ実際は、2週間を過ぎて登記したからといって、すぐに過料がかかるという運用ではなく、管轄の法務局や登記官の裁量で決められることが多いようです。それで実際に、1年や2年を経過したあとに登記申請すると、過料の通知が裁判所から代表取締役の住所宛に届きます。遅れて登記を申請したことに合理的な理由がある場合などは、異議の申し立てが可能ですが、それ以外の場合は無視をせずに必ず支払ってください。

株式会社の場合は、役員の任期が最長で10年になったので、登記をしばらく放置する会社は少なくないのですが、最後の登記から12年を経過すると法務局が職権で、「みなし解散」という登記をします。会社としては活動していても、法務局が「やるべき登記をしていないから、もう活動していない株式会社かもしれない」とみなすことで、解散の登記を入れてしまいます。

解散の登記が入ってしまうと、「法的義務を果たしていない会社」ということが登記されますので、そうならないようにくれぐれも注意しましょう。

ちなみに、みなし解散の登記がされてしまった場合でも、解散の登記がされた日から3年以内でしたら、会社を継続する登記をして復活することが可能です。もし、会社自体がまだ活動しているようでしたら、すぐに司法書士に相談してください。

Q 金融機関の法人口座はどのようにつくればいい?

A 各金融機関によって手続きが違うので開設前に確認してください。

解説 金融機関は民間企業なので、法人口座の開設については、それぞれ金融機関ごとに手続き方法が違います。店舗を持たないネット銀行などは、ウェブサイトに法人口座を開設するための必要書類や条件が記載しているところがほとんどなので、確認してみてください。いわゆるメガバンクや地方銀行、信用金庫や信用組合の場合は、問い合わせ窓口などで事前に確認しておくといいでしょう。

一般的に、法人口座を開設するためには、次の必要書類が挙げられます。

法人口座開設のための必要書類

・履歴事項全部証明書　　・定款
・代表取締役の運転免許証など身分証明書　　・税務署に提出した設立届の控え

　これらの他にも、本店についての権限を確認するために、賃貸借契約書や、居住用マンションのオーナーや管理会社の同意書などが求められることもあります。

　最近は、会社設立時に税務署から郵便で届く「法人番号指定通知書」を必要書類とする金融機関もあるようです。いずれにしても、事前に口座開設したい金融機関に確認するといいでしょう。場合によっては、口座開設を断られる可能性も視野に入れて、複数の候補を想定しておきましょう。ちなみに断られた場合ですが、理由は教えてくれないようです。

Q　旧姓で登記したいのだけれど可能ですか?

A　旧姓を戸籍上の姓と併記して登記することは可能です。

Check! 解説　旧姓だけの登記をすることは、現在の登記制度では不可能ですが、戸籍上の姓と旧姓を併記することについては可能になりました。

　これまで旧姓で活動されている方は、登記事項証明書に記載されている姓と違うことにより、不都合が生じる機会が数多くありました。金融機関や取引先に、わざわざ戸籍謄本を提示しないと旧姓との整合性が付かないからです。

　戸籍謄本は、「プライバシーの面からも公にしたくない」というのが本音ですから、旧姓での活動には事実上の困難が生じていました。現在は旧姓を併記することができますので、戸籍謄本を提示しなくても旧姓との関連性を証明することが可能となっています。旧姓の取り扱いですが、婚姻前の姓を併記することも可能ですし、離婚前の姓を併記することも可能です。現在の姓のみを登記している場合でも、これから旧姓を併記することも可能です。旧姓併記の登記については、専門的な登記になるので司法書士に相談してください。

Q ストックオプションって何ですか?

A 自社の株式をあらかじめ定められた価格で取得できる権利のことをいいます。

Check! 解説
　ストックオプションは、企業が従業員や取締役に対して提供する、一種の報酬制度のことをいいます。従業員や取締役に対して、将来的に一定の条件のもと、企業の株式を特定の価格（行使価格）で購入できる権利を与えるものです。

　一般的に、ストックオプションは、以下のような要素から構成されています。

ストックオプションの構成要素

構成要素	内容
行使価格	ストックオプションを行使する際に、従業員や取締役が株式を購入するために支払う価格のことです。一般的に行使価格は現在の株価よりも低い設定となります。
行使期間	ストックオプションを行使できる期間のことで、一般的には数年間です。この期間内に従業員や取締役は適切なタイミングでストックオプションを行使することができます。税務上有利な税制適格ストックオプションの場合は条件がありますので、注意が必要です。
資格要件	企業は特定の従業員や取締役にのみ、ストックオプションを提供する場合があります。一般的に、役員や経営陣、優秀なパフォーマンスを期待される従業員に対して提供されることが多いです。

　ストックオプションは、従業員や取締役が企業の成功に貢献するインセンティブとなります。将来、株式価格が上昇した場合、従業員や取締役は行使価格よりも低い価格で株式を購入することができ、その差額を利益として得ることができます。

　ただし、ストックオプションにはいくつかのリスクもあります。将来の株価の下落や企業の業績不振などの要因により、ストックオプションが無価値になる可能性もあるので注意が必要です。また、ストックオプションの税務処理も複雑な場合があるため、個別の状況に応じて税理士などの専門家と相談することが重要になります。

　ちなみに、ストックオプションは会社法では、「新株予約権」という名称になり、その内容が登記事項となります。

　ストックオプションを発行する際は登記が必要になり、高度な手続きになりますので、司法書士に相談してください。

Q VC（ベンチャーキャピタル）って何ですか?

A スタートアップ企業に対して、投資と資金調達を行う投資会社やファンドのことです。

Check! ▶
解説　VC（ベンチャーキャピタル）は、未上場の新興企業（ベンチャー企業）や成長企業に対して、投資と資金調達を行う投資会社やファンドのことをいいます。

　VCは、高い成長潜在力を持つ企業に対してリスクを取りながら資金を提供し、対価として企業の一定割合の株式を取得することが一般的で、上場時に株式を売却することで大きな値上がり益を獲得するのが主な目的です。VCは多くの場合、創業期の企業や新しい技術・サービスを開発するスタートアップ企業に対して、特に活発に投資をします。これらの企業はまだ市場に浸透しておらず、資金調達が難しいこともありますが、革新的なアイデアや成長潜在力を持っているため、VCからの投資を受けることで成長を加速させることができます。

　VCは、リスクを取りながら多くの企業に投資することで、その中で成功する企業から大きな利益を得ることを目的とします。一方で、失敗する企業も少なくないため、リスクの分散が重要な戦略となります。VCのような投資家は、企業の経営者やチームと密接に協力し、成長支援や戦略的なアドバイスを提供することも一般的となっています。

　VCによる資金調達は、新しい企業の成長を支える重要な役割を果たしており、革新的な技術やサービスの開発・普及に寄与しています。一方、VCは投資先の企業の株式を取得するこ

とになるため、経営者や創業者は慎重に資金調達を検討する必要があります。投資の提案を受けた際は、さまざまな観点から十分に注意してください。

Q 創業融資とは何ですか?

A 新しくビジネスをはじめる事業者に必要な資金を融資する制度のことです。

Check! 解説　起業するには商品の仕入れや人件費、店舗を借りる場合の初期費用など、さまざまな面で資金が必要になります。こうした費用をすべて自己資金でまかなうのは困難なので、金融機関など外部から借り入れをして準備することが多いでしょう。

そこで国や自治体が、必要な資金を借りやすくして、創業者を支援するために準備している制度が「創業融資」です。創業融資には、日本政策金融公庫の「新創業融資制度」と、各自治体が用意する「制度融資」の2種類があるので、それを利用するのがいいでしょう。

創業融資はその名のとおり、創業時しか適用がありませんから注意してください。創業から時間が経つと会社としての実績（決算）ができますので、客観的な評価をされることになります。創業から数年して、黒字の場合ならばいいのですが、赤字の場合はなかなか融資が厳しくなってきます。金融機関は貸し倒れになるリスクを一番嫌いますから、赤字の会社にはなかなか融資をすることはありません。創業時はまだ実績がありませんから、起業家の創業計画書や事業計画書を見て、その会社の未来に融資することになります。つまり、創業時のほうが借りやすいということになります。自己資金の要件などもありますが、圧倒的に創業時は融資を受けやすいので、そこまで資金が必要ない場合でも実績づくりや信用づくりのために、融資を受けてみてもいいのではないでしょうか。

Q 契約書は作成すべきですか?

A 可能なかぎり契約書は作成したほうがいいでしょう。

Check! 解説

　日本はまだまだ口約束で済ませてしまう文化、慣習がありますが、大事な内容ほど契約書にすべきでしょう。あまりおすすめはしませんが、共同起業する際に持ち株を50:50にして会社を設立する場合があります。実際、共同起業するときに、上下関係をつくらないことはよくあります。

　ただし、この場合、揉めたときに半数ぴったりでは株主総会の決議ができませんので、会社として機能不全に陥ってしまいます。

　そうなると、せっかく設立した会社なのに行き詰って、放置したり、解散・清算したりと、結局それぞれが別の会社を設立してやり直す……ということになりかねません。

　共同起業の際は50:50にせず、70:30などの比率にできればいいのですが、どちらも納得しないことには話が先に進みません。このような場合に備えて、仮に50:50で会社を設立するときには、「株主間契約」というものを締結します。株主間契約とは、株主同士で会社の運営や株式売却時の対応方法について取り決めを行うことです。

　契約当事者間同士での効力にはなりますが、当然当事者は拘束されるので、契約があるかないかでは断然意味が違います。将来の憂いを軽くするためにも、契約書は作成したほうがいいでしょう。

Q 役員を辞めてもらいたいときは、どうすればいいですか?

A 本人が納得して辞めるのでしたら本人から辞任届をもらいましょう。

Check! 解説

　役員を辞める場合、辞任届が必要になります。これは、登記

申請の添付書類にもなります。もちろん、本人が辞任することに納得していなければ、辞任届に印鑑を押してもらうことはないでしょう。

それでも、役員を辞めてもらいたい場合はどうすればいいのでしょうか。その場合は、株主総会で解任の決議をすることになります。解任の決議が可決された場合は解任することができますから、その内容をもとに解任の登記をします。

しかし、解任の場合は当然ですが、「解任」という原因で登記がされますので、登記事項証明書を見たときにそれがわかるようになってしまいます。

つまり、「この会社は以前役員に何かあったのだな」ということを、見るひとが見ればわかってしまいます。そうなると取引や融資に影響が出ることは避けられません。ですから、解任の決議をする場合は、そのような点にも注意が必要です。また、解任の場合は、任期の途中で役員を辞めることになるのですが、「任期までは役員報酬をもらえる権利がある」と本人に主張されることで、残りの任期分の役員報酬を要求される可能性もありますから、くれぐれも注意してください。

Q　日常の経理や決算申告はどうすればいいでしょうか？　税理士に頼むべきでしょうか？

A　可能なかぎり税理士に依頼することをおすすめします。

Check! 解説　結論からいうと、税理士に依頼したほうがいいでしょう。理由は結局、遅かれ早かれ依頼することになるからです。起業当初は予算も潤沢にあるわけではないでしょうから、経費削減のために自社でできることは自社でやろう、という気持ちはとても理解できます。

ただし、税務に関することは誤ってしまうと、会社にとっても社長自身にとってもリスクが非常に大きいです。「はじめから

税理士に依頼していたほうが安く済んだ」ということも少なくありません。税理士の観点から見ても、一期目から任せてもらったほうが安心です。汚れた決算書の状態で税理士に依頼がきても、対応が難しいこともあるでしょう。

会計ソフトも今は便利な時代になりました。クラウド会計が当たり前の社会になりつつありますが、すべての税理士が対応できるとは限りません。

起業する際は、自社にあった税理士探しも非常に重要です。会計ソフトも税理士から指定されることも多いですから、まずは税理士探しからはじめることをおすすめします。

Q 2つある会社を1つにしたいけど、どうすればいいでしょうか?

A 吸収合併という方法があります。

Check! **解説**

「会社を2つつくってはみたものの、費用も2社分かかるし、1つでいいかな」ということは往々にしてあります。この場合は、吸収合併という手続きをすることで、1社にすることが可能です。

もちろん、1社を解散・清算するという方法もありますが、「許認可や取引の都合で解散・清算はできない」という事情も考えられます。その場合、吸収合併でしたら、残った1社が引き継ぐことになります。

ただし、原則として債権者保護の手続きや、株主総会の決議は必要になりますので、注意してください。

許認可についても、そのままで勝手にもう1つの会社に引き継がれることはありませんから、必ず専門の行政書士に相談をしてください。吸収合併は登記も必要になります。公告も必要になりますから、時間も費用もそれなりにかかる手続きとなります。こちらは司法書士に相談してください。

Q 個人で持っている不動産を会社名義に変えたいのですが、大丈夫でしょうか?

A 個人と法人は別人格なので名義変更は注意してください。

Check! 解説

「個人で所有している不動産を自分が経営している法人の名義に変えたい」という相談は、司法書士の仕事をしているとよくあるのですが、個人と法人は別の人格になるので注意してください。仮に、法人の株主が自分ひとりだけだったとしても同様です。不動産の名義変更は簡単ではありません。事実としての原因が必要になります。「法人が個人から買ったのか(売買)」「もらったのか(贈与)」「不動産の出資を受けたのか(現物出資)」など、法人と個人の間でどのような契約関係があったのかで変わってきます。売買の場合は、いくらで売買したのかが重要になります。相場からかけ離れた金額で売買した場合は、あとから多額の税金を支払う可能性が高いでしょう。贈与の場合も同様です。現物出資の場合は、不動産の評価が重要になります。不動産鑑定士に鑑定依頼をすることも必要になります。売買と同様、評価額とかけ離れた金額で出資すると、あとから納税の可能性が高いです。このように、個人から法人に不動産の名義を変更するのは想像以上に大変な手続きです。依頼する専門家も税理士、司法書士、不動産鑑定士と多岐にわたるので、手続き費用も想像以上にかかるかもしれません。不動産については、手続きが簡単ではないことを理解しておきましょう。

Q 会社設立後の専門家はどのように探せばいいのでしょうか?

A 現在はウェブ検索が一般的ですが、紹介してくれるツテがあるのであれば紹介が安心です。

Check! 解説

会社を経営するとなると、すべてを自社で賄うことはほぼ不

可能といって過言ではありません。法律のことは弁護士、税務は税理士、登記は司法書士、許認可は行政書士、社会保険や年金は社会保険労務士、商標登録や特許申請は弁理士、と専門家士業もたくさん存在します。

　2000年代前半は、士業でウェブサイトがある事務所はほとんどありませんでした。ですから、各士業を探すのは本当に大変だったと思います。しかし現在は、ウェブ検索すればズラッと士業のウェブサイトが出てきます。むしろ、選ぶほうが大変です。誰も知り合いがいない場合は、ウェブサイトを見て相性がよさそうな専門家に連絡をしてみるといいでしょう。代表のプロフィールや実績、お客様の声など、充実したウェブサイトを中心に探すと間違いが少ないかもしれません。必要な手続きが決まっているのであれば、まずは見積もりや初回面談の問い合わせをしてください。その場合、事務所によっては、「返信が遅い」「そもそも返信がない」ということもありますから、そのような事務所には依頼しないほうがいいでしょう。

　もし、会社設立の手続きを司法書士などの専門家に依頼していた場合、その先生に紹介してもらうというのも1つの選択肢です。各士業は特定の事務所と連携していることがほとんどです。依頼した士業が相性のいい士業だった場合、紹介してもらう士業も相性がいいことが多いです。「他士業の専門家を紹介してほしい、なんて聞いてもいいのかな……」と遠慮してしまうかもしれませんが、我々士業は他士業の紹介は日常茶飯事ですから、気にせず連絡してみてください。

Q よく耳にする「官報」とは何でしょうか？

A 法令等の政府情報の公的伝達手段として重要な役割を果たしている、国が発行する新聞のようなものです。

Check! 解説　官報は国立印刷局のウェブサイトに以下の記載があります。

法令など政府情報の公的な伝達手段である官報は、明治16年（1883年）に太政官文書局から創刊されました。現在では、内閣府が行政機関の休日を除き毎日発行しています。国立印刷局では、官報の編集、印刷及びインターネット配信を行うとともにその普及に努め、国政上の重要事項を正確かつ確実に伝達・提供しています。

（国立印刷局のウェブサイトより抜粋）

現在はインターネットで官報を見ることも可能です。

〇インターネット版官報
https://kanpou.npb.go.jp/

会社の登記の場合、資本金の額の減少や解散、吸収合併などの組織再編などで公告が必要になり、官報に公告がなされます。また、破産や失踪宣告といった事項についても公告がなされます。あまりなじみのない媒体かもしれませんが、重要な事項が公告されることもあり、金融機関などは毎日チェックしているようです。どのような事項が公告されているのか、インターネット版官報で確認してみることをおすすめします。いざ自社で公告が必要になった際に、どのように公告するのかイメージしておくといいでしょう。

Q 会社を休眠させることは可能なのでしょうか?

A 可能ですが、いくつかの注意点があります。

Check! 解説 休眠の手続きは、管轄の税務署と市区町村に休業届（異動届出書に休業する旨を記載したもの）を提出することで、会社を休眠させることが可能です。特に、登記上の手続きは必要ありません。ただし、休業中だとしても法人自体は存続していますので、税務申告の義務はあります。休業中だからといって、税

務申告を行わないでいると、青色申告の承認が取り消されるおそれがありますので注意しましょう。また、地方法人税の均等割については自治体によって、減額や免除をされることがありますので、直接管轄の自治体に確認してください。顧問の税理士がいる場合は、必ず税理士に相談しましょう。

Q **自宅の住所をバレたくないのですが、何か方法はあるでしょうか?**

A **現在の登記制度では最善の方法はありません。**

Check!
解説　　本店所在地を自宅の住所にしない限りは、事務所やレンタルオフィス、バーチャルオフィスを借りることで、自宅の住所を名刺やウェブサイトに記載することを避けることが可能となります。

　しかし、代表取締役に関しては、氏名だけではなく住所も登記されます。印鑑登録証明書も添付する関係上、架空の住所を登記することは不可能です。取引の安全を保障する面が強い現在の登記制度では、「住所を非公開にする方法はない」というのが現状です。

　とはいえ、個人情報の収集のために悪用されることも多く、プライバシーの保護が強く叫ばれる昨今において、代表者の住所の有無については賛否両論があります。

　例外中の例外ではありますが、代表者がDV被害者の場合は住所を公開することで身の危険が生じることになりますから、非表示にできる方法があります。

　司法書士にご相談ください。

○会社代表者等の住所の非表示措置について
https://www.moj.go.jp/MINJI/minji06_00166.html

Part2-2
株式会社の
変更登記

01 株式会社で変更登記・変更手続きをしなければならない場合

会社を設立するときに決めたことでも、その後の事情で本店を移転したり、事業目的を変更したりといった、変更手続きはどうしても出てきます。ここでは、商号変更や事業目的の変更といった、株式会社の変更手続きについて見ていきましょう。

01 株式会社の各種変更手続きの基本

定款を変更する

定款の内容を変更する場合には、株主総会を開催して、特別決議の承認を得て、変更することになります。

「特別決議」とは、原則として議決権の過半数の株主が出席し、その出席した株主の議決権の3分の2以上の賛成を得て行う決議のことです。株主総会の内容は議事録にまとめ、法務局にその議事録を添付書類として登記申請書と一緒に提出することになります。

各種変更手続きの申請書を作成する

定款を変更し、「株主総会議事録」を作成したら、変更する内容を記載した「登記申請書」を作成し、必要な書類と一緒に法務局で申請します。

添付書類に株主総会議事録があるときは、併せて「株主リスト」を提出する必要があります。

なお、各種変更には登録免許税がかかります。あらかじめ、何を変更したら、費用がいくらくらいかかるのかを想定しておいたほうがいいでしょう。

商号変更と目的変更など、まとめて登記をすると得をする場合もありますので、なるべく一度に登記をするほうが余計な費用がかからなくて済みます。

定款を変更した場合に登記が必要か否か

	定款	登記
商号	変更あり	変更必要
目的	変更あり	変更必要
本店（行政区画）	変更あり	変更必要
種類株式	変更あり	変更必要
決算期（事業年度）	変更あり	変更不要
役員任期	変更あり	変更不要
役員員数	変更あり	変更不要

登記を変更した場合の登録免許税（資本金1億円以下の会社）

	登録免許税
商号変更	3万円[1]
目的変更	3万円[1]
本店移転（管轄外）	6万円
本店移転（管轄内）	3万円
役員変更	1万円[2]
代表取締役の住所変更	1万円[2]
増資	増資額の0.7%（最低3万円）
減資	3万円[1]

※1 同時に申請する場合は3万円で兼ねられる
※2 同時に申請する場合は1万円で兼ねられる

---

point

☑ 各種変更手続きの流れと費用を押さえる
☑ 定款を変更しても必ず登記が必要とは限らない

02 商号（会社名）の変更登記

株式会社の商号（会社名）を変更したい場合、定款変更と登記事項の変更が必要になります。商号を変更する場合にはどのような手続きが必要になるでしょうか。ここでは、商号変更の手続きについて見ていきましょう。

01 商号（会社名）を変更する場合

　商号を変えるには、会社を設立するときと同じく、他社の商号などとの関係に注意しなければなりません。同一商号や似たような商号が同じエリアに存在しないかは、念のため確認しておきましょう。商号を変更するには株主総会の特別決議を得て、定款を変更する必要があります。商号の変更に必要な書類は、「株主総会議事録」と「株主リスト」です。この他に、商号の変更と同時に会社代表者印を変更する場合には、「印鑑届書」を作成して提出する必要があります。印鑑届書には、新しい会社代表者印で押印します。また、印鑑届出をする代表取締役の個人の印鑑登録証明書の提出が必要になりますので、注意してください。

02 届出も忘れずに

　商号を変更した場合には、各種の変更届が必要になります。設立時の届出と基本的には同じです。税務署、都道府県税事務所、市区町村役場などに変更届を提出します。また、同様に社会保険事務所や労働基準監督署、公共職業安定所などにも変更届を提出しなければなりません。法人口座や法人名義のものについても変更が必要になります。

point

☑ 商号変更は大きな影響があるので慎重に
☑ 会社代表者印の変更も必要になる

❶株主総会開催日時を記載する

臨時株主総会議事録

令和　　年　　月　　日午前10時から、当会社本店において、臨時株主総会を開催した。

当日の出席株主数並びに株式数は下記のとおり。

株主の総数	1名
発行済株式の総数	100株
議決権を行使できる株主の数	1名
議決権を行使することができる株主の議決権の数	100個
出席株主数（委任状による者を含む）	1名
出席株主の議決権の数	100個

出席取締役　　　　　　代表取締役　　横須賀輝尚
議　　　長　　　　　　代表取締役　　横須賀輝尚　　**❷株主数、株式数を記載する**
議事録作成取締役　　　代表取締役　　横須賀輝尚

　以上のとおり株主が出席したので、決議に必要な定足数を満たし、本臨時株主総会は適法に成立した。よって、定款の定めにより取締役横須賀輝尚は議長席に着き、開会を宣し、直ちに議事に入った。

　　　　　議　　案　　定款一部変更の件
　議長は、業務の都合上、定款第1条を次のとおり変更したい旨を述べ、その賛否を議場に諮ったところ、満場一致をもってこれを承認可決した。

❸変更後の会社名を記載する

（商号）
第1条　当会社は、先生起業研究所株式会社と称する。

　議長は、以上をもって本日の議事を終了した旨を述べ、午前10時30分閉会した。
　上記決議を明確にするため、本議事録を作成し、議事録作成者が次に記名押印する。　**❹株主総会日を記載する**　　**❺旧会社名と新会社名をわかるように記載する**　　**❻会社代表者印を押印する　※印鑑を変更する場合は新しい会社代表者印を押印する**

令和　　年　　月　　日

　（旧商号）株式会社パワーコンテンツジャパン
　（新商号）先生起業研究所株式会社　臨時株主総会

　　　　　　議事録作成者　　代表取締役　　横須賀輝尚　㊞

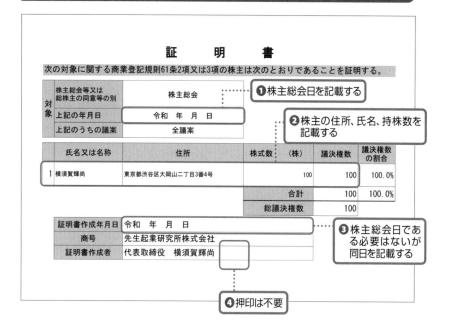

証明書（株主リスト）

証　　明　　書

次の対象に関する商業登記規則61条2項又は3項の株主は次のとおりであることを証明する。

対象	株主総会等又は総株主の同意等の別	株主総会
	上記の年月日	令和　年　月　日
	上記のうちの議案	全議案

❶株主総会日を記載する

❷株主の住所、氏名、持株数を記載する

	氏名又は名称	住所	株式数	（株）	議決権数	議決権数の割合
1	横須賀輝尚	東京都渋谷区大岡山二丁目3番4号		100	100	100.0%
			合計		100	100.0%
			総議決権数		100	

証明書作成年月日	令和　年　月　日
商号	先生起業研究所株式会社
証明書作成者	代表取締役　横須賀輝尚

❸株主総会日である必要はないが同日を記載する

❹押印は不要

印鑑（改印）届書

❶管轄の法務局を記載する

❷変更後の会社名を記載する

印 鑑 （ 改 印 ） 届 書

※ 太枠の中に書いてください。

東京法務局　　　新宿　支局・出張所　　　令和　　年　　月　　日 届出

（注1）（届出印は鮮明に押印してください。）	商号・名称	先生起業研究所株式会社
	本店・主たる事務所	東京都新宿区上原一丁目2番3号
❸これまでの印鑑カードを使用する場合はチェックする	印鑑提出者　資格	代表取締役・取締役・代表理事 理事・（　　　　　）
	氏名	横須賀　輝尚
	生年月日	大・昭・平・西暦　54 年 7 月 4 日生

□ 印鑑カードは引き継がない。
☑ 印鑑カードを引き継ぐ。

（注2）印鑑カード番号

前任者 横須賀　輝尚

❹印鑑カード番号を記載する

会社法人等番号

（注3）の印

（市区町村に登録した印）
※ 代理人は押印不要

❺代表取締役の氏名を記載する

届出人（注3）　☑ 印鑑提出者本人　　□ 代理人

住　所　東京都渋谷区大岡山二丁目3番4号

フリガナ　ヨコスカ　テルヒサ

氏　名　横須賀　輝尚

委 任 状

❻個人実印を押印する

私は、(住所)

(氏名)

を代理人と定め、□ 印鑑(改印) の届出、□ 添付書面の原本還付請求及び受領
の権限を委任します。

　　　　　年　　　月　　　日

住　所

氏　名　　　　　　　　　　　　　　　　　印 | 市区町村に登録した印鑑

□　**市区町村長作成の印鑑証明書は、登記申請書に添付のものを援用する。　（注4）**

(注1)印鑑の大きさは、辺の長さが1cmを超え、3cm以内の正方形の中に収まるものでなければなりません。
(注2)印鑑カードを前任者から引き継ぐことができます。該当する□にレ印をつけ、カードを引き継いだ場合には、その印鑑カードの番号・前任者の氏名を記載してください。
(注3)本人が届け出るときは、本人の住所・氏名を記載し、市区町村に登録済みの印鑑を押印してください。代理人が届け出るときは、代理人の住所・氏名を記載（押印不要）し、委任状に所要事項を記載し（該当する□にはレ印をつける）、本人が市区町村に登録済みの印鑑を押印してください。なお、本人の住所・氏名が登記簿上の代表者の住所・氏名と一致しない場合には、代表者の住所又は氏名の変更の登記をする必要があります。
(注4)この届書には作成後3カ月以内の本人の印鑑証明書を添付してください。登記申請書に添付した印鑑証明書を援用する場合（登記の申請と同時に印鑑を届け出た場合に限る。）は、□にレ印をつけてください。

印鑑処理年月日				
印鑑処理番号	受付	調査	入力	校合

(乙号・8)

03 事業目的の変更登記

設立の際に将来を見据えて考えた事業目的でも、実際に経営しているうちに事業計画や社会情勢が変化し、事業目的を変更せざるを得ない場合も当然ながら出てきます。そのようなときは、定款の事業目的を変更する手続きを行うことになります。

01 定款の事業目的を変更する

　事業目的を変える場合には、他の手続きと違ってより慎重になる必要があります。それは「許認可事業」がある場合です。事業目的を変更するからには、新しい事業をはじめることが多いと思います。変更手続きをする前に、その事業が許認可事業であるかどうかの確認を必ずしてください。新しく行う事業が許認可事業に該当していたら、会社の状況がその要件を満たしていないと、事業目的を変更しても実際に事業が開始できることにはなりません。

02 許認可の取得

　事業目的を変更したあとは、事業の開始に許認可が必要な場合は、その許認可を取得するための準備をしましょう。まれに登記をする前に、役所に事前の相談が必要な許認可も存在しますので、念のため注意が必要です。許認可を受けるために重要なポイントは、「要件を満たしているか」です。各許認可の要件を見極めることが大切になってきます。資本的な要件、時期的な要件、人員的な要件など実にさまざまです。もし自分自身で取得するのが不安な場合は、お近くの行政書士にご相談されることをおすすめします。

point

- ☑ 事業目的決定のルールを押さえる
- ☑ 許認可事業に注意する

臨時株主総会議事録

❶株主総会の日時を記載する

　令和　　年　　月　　日午前10時から、当会社本店において、臨時株主総会を開催した。

　当日の出席株主数並びに株式数は下記のとおり。

株主の総数	1名
発行済株式の総数	100株
議決権を行使できる株主の数	1名
議決権を行使することができる株主の議決権の数	100個
出席株主数（委任状による者を含む）	1名
出席株主の議決権の数	100個

出席取締役　　　　　代表取締役　横須賀輝尚
議　　　長　　　　　代表取締役　横須賀輝尚
議事録作成取締役　　代表取締役　横須賀輝尚

　以上のとおり株主が出席したので、決議に必要な定足数を満たし、本臨時株主総会は適法に成立した。よって、定款の定めにより取締役横須賀輝尚は議長席に着き、開会を宣し、直ちに議事に入った。

　　　　　議　　案　定款一部変更の件
　議長は、業務の都合上、定款第2条を次のとおり変更したい旨を述べ、その賛否を議場に諮ったところ、満場一致をもってこれを承認可決した。

❷変更後の事業目
　的をすべて記載
　する

（目的）
第2条　当会社は、次の事業を営むことを目的とする。
1. 経営コンサルティング業
2. インターネットでの広告業務
3. 書籍・雑誌その他印刷物及び電子出版物の企画、制作及び販売
4. 古物営業法に基づく古物商
5. 宅地建物取引業
6. 前各号に付帯する一切の業務

　議長は、以上をもって本日の議事を終了した旨を述べ、午前10時30分閉会した。
上記決議を明確にするため、本議事録を作成し、議事録作成者が次に記名押印する。

　　　令和　　年　　月　　日

❸会社代表者印を押印する

　　　株式会社パワーコンテンツジャパン臨時株主総会

　　　議事録作成者　代表取締役　横須賀輝尚

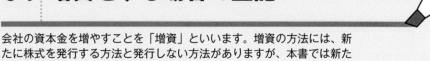

04 増資をする場合の登記

会社の資本金を増やすことを「増資」といいます。増資の方法には、新たに株式を発行する方法と発行しない方法がありますが、本書では新たに株式を発行する方法について解説します。

01 増資をする一般的な方法

第三者割当による増資

　新たに株式を発行して増資をする方法として、株主割当、公募増資、第三者割当とさまざまな方法がありますが、一般的に使われる方法は第三者割当による増資となります。第三者割当による増資の登記に必要な書類は、「株主総会議事録」「株主リスト」「株式申込書」もしくは、「総数引受契約書」「払込証明書」「資本金の額の計上に関する証明書」となります。第三者割当による増資の場合、外部から出資してもらうときには、総数引受契約という方法で行われることが多いのですが、本書ではもともと株主である代表取締役が出資することを想定して、株式申込書の書式を使用します。

増資の際の登録免許税の計算方法

　増資は、以下の計算式で登録免許税を割り出すことになっています。

「増資額×0.7％＝登録免許税（3万円を下回る場合は3万円）」

　出資した金額の半分までは資本準備金にあてることが可能で、その場合は登録免許税も半分になります。払い込みに関しては、設立のときと同様の方法になりますが、会社がすでに設立されているので、払い込む口座は法人名義の口座となるため、注意してください。

> **point**
> ☑ 第三者割当による増資の方法を利用しよう
> ☑ 登録免許税の計算に注意しよう

臨時株主総会議事録

❶株主総会の日時を記載する

令和　年　月　日午前10時 から、当会社本店において、臨時株主総会を開催した。
当日の出席株主数並びに株式数は下記のとおり。

株主の総数	1名
発行済株式の総数	100株
議決権を行使できる株主の数	1名
議決権を行使することができる株主の議決権の数	100個
出席株主数（委任状による者を含む）	1名
出席株主の議決権の数	100個

出席取締役　　　　　代表取締役　　横須賀輝尚
議　　　長　　　　　代表取締役　　横須賀輝尚
議事録作成取締役　　代表取締役　　横須賀輝尚

　以上のとおり株主が出席したので、決議に必要な定足数を満たし、本臨時株主総会は適法に成立した。よって、定款の定めにより取締役横須賀輝尚は議長席に着き、開会を宣し、直ちに議事に入った。

　　　　　　　議　　案　募集株式発行の件

❷発行する株式の種類と株数を記載する

　議長は、下記の要領により募集株式を発行したい旨を述べ、その可否を議場に諮ったところ、満場一致をもって承認可決した。
1．募集株式の数　 普通株式　100株

❸第三者割当の場合、記載する

1．募集株式の発行方法　 第三者割当 とする。

❹出資するひとの株数を記載する

1．募集株式は、下記の者に割り当てる。
　　　 横須賀輝尚　　100株

❺1株あたりの金額を記載する

1．条　　件　上記第三者から申込みがされることを条件とする。
1．募集株式の払込金額　 1株につき金1万円

❻払込期限を記載する。この日が効力発生日となる

1．募集株式と引換えにする金銭の払込期日　 令和　年　月　日
1．増加する資本金の額及び資本準備金の額
　　　 資本金の額　　金50万円　　資本準備金　　金50万円

❼払い込みがされた金額のうち、資本金と資本準備金の内訳を記載する

1．払込取扱金融機関
　　　 ○○銀行○○支店（東京都○○区○丁目○番○号）

　議長は、以上をもって本日の議事を終了した旨を述べ、午前10時30分閉会した。
　上記決議を明確にするため、本議事録を作成し、議事録作成者が次に記名押印する。

❽資本金を払い込む金融機関口座の名称支店住所を記載する

　令和　年　月　日

　　株式会社パワーコンテンツジャパン臨時株主総会

　　議事録作成者　代表取締役　横須賀輝尚

❾会社代表者印を押印する

募集株式の引受け申込書

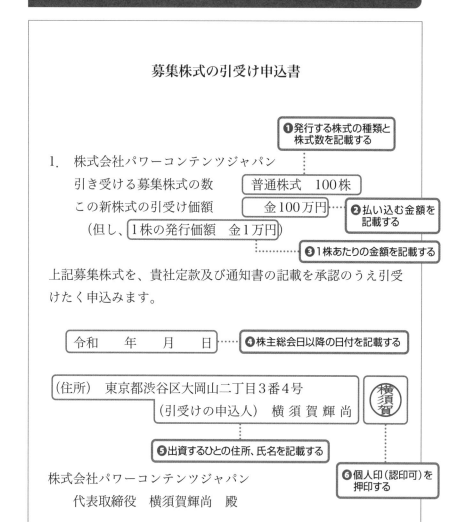

募集株式の引受け申込書

❶発行する株式の種類と
　株式数を記載する

1.　株式会社パワーコンテンツジャパン

　　引き受ける募集株式の数　　　普通株式　100株

　　この新株式の引受け価額　　　金100万円……❷払い込む金額を
　　　　　　　　　　　　　　　　　　　　　　　　　記載する

　　　（但し、1株の発行価額　金1万円）

❸1株あたりの金額を記載する

上記募集株式を、貴社定款及び通知書の記載を承認のうえ引受

けたく申込みます。

　　　令和　　年　　月　　日　……❹株主総会日以降の日付を記載する

（住所）　東京都渋谷区大岡山二丁目3番4号

　　　　　　（引受けの申込人）　横須賀輝尚

横須賀

❺出資するひとの住所、氏名を記載する

❻個人印（認印可）を
　押印する

株式会社パワーコンテンツジャパン

　　代表取締役　横須賀輝尚　殿

資本金の額の計上に関する証明書

資本金の額の計上に関する証明書

①	払込みを受けた金額の額（会社計算規則第14条第1項第1号）	1,000,000 円
②	給付を受けた金銭以外の財産の給付があった日における当該財産の価額 （会社計算規則第14条第1項第2号）	0 円
③	資本金等増加限度額（①＋②）	1,000,000 円
④	資本準備金計上額	500,000 円
⑤	資本金計上額（③－④）	500,000 円

募集株式の発行により増加する資本金の額 500,000 円 は、会社法第445条及び会社計算規則第14条の規定に従って計上されたことに相違ない
ことを証明する。

❶資本金として計上する金額のみを記載する

なお、本募集株式の発行においては、自己株式の処分を伴わない。

令和　年　月　日

東京都新宿区上原一丁目2番3号

株式会社パワーコンテンツジャパン

代表取締役　嶺須賀輝尚

❷会社代表者印を
押印する

221

05 役員を変更する場合の登記

役員の変更で主に想定されるケースとしては、「①役員の追加」「②役員の辞任」の2つになります。ここでは、この2つの変更手続きについて見ていきましょう。

01　役員に変更があった場合

役員が増えたとき

　役員が増えたときには、「株主総会議事録」「株主リスト」「就任承諾書」を作成します。さらに、新しく就任する取締役の「印鑑登録証明書」(取締役会設置会社の場合は住民票の写し) が必要です。就任承諾書には個人の実印の押印が必要になります。印鑑登録証明書は申請する日から遡って、3カ月以内の発行日のものを使用してください。

役員が辞任したとき

　役員が辞任したときは、「辞任届」を作成します。定款に定めている定員数を割らないように注意してください。定員を割ってしまう場合には、後任者の選任が必要になります。代表取締役ではない取締役が辞任する場合には、辞任届に押す印鑑に決まりはありませんが、あとから「辞めた覚えはない」といわれてしまうことがないように、辞任の意思を確認することが重要になります。会社法上は、役員の辞任に株主総会の決議は必要ではありません。ですから、株主総会議事録は必要な書類とはされていません。

point

- ☑ 役員変更のルールを押さえよう
- ☑ 定款に定められている定員に注意しよう

臨時株主総会議事録（株主総会議事録）

❶株主総会の開催日時を記載する

臨時株主総会議事録

令和　年　月　日午前10時 から、当会社本店において、臨時株主総会を開催した。
当日の出席株主数並びに株式数は下記のとおり。

株主の総数	1名
発行済株式の総数	100株
議決権を行使できる株主の数	1名
議決権を行使することができる株主の議決権の数	100個
出席株主数（委任状による者を含む）	1名
出席株主の議決権の数	100個

出席取締役　　　　代表取締役　横須賀輝尚
議　　　長　　　　代表取締役　横須賀輝尚
議事録作成取締役　代表取締役　横須賀輝尚

　以上のとおり株主が出席したので、決議に必要な定足数を満たし、本臨時株主総会は適法に成立した。よって、定款の定めにより取締役横須賀輝尚は議長席に着き、開会を宣し、直ちに議事に入った。

❷辞任届の日を記載する

　　　議　　案　取締役の辞任に伴う改選に関する件
　議長は、取締役横須賀輝尚から 令和　年　月　日 をもって辞任する旨の申し出があったので、その後任者を選任する必要がある旨を述べ、その選任方法を諮ったところ、出席株主中から議長の指名に一任したいとの発言があり、一同これを承認したので、議長は下記のとおり指名した。議場も満場異議なくこれを承認したので、下記のとおり選任のことに可決確定した。なお、被選任者は、席上その就任を承諾した。

東京都新宿区本町一丁目2番3号
取締役　　佐藤良基

❸後任者の住所、氏名を記載する

　議長は、以上をもって本日の議事を終了した旨を述べ、午前10時30分閉会を宣した。
上記決議を明確にするため、本議事録を作成し、出席取締役が次に記名押印する。

　　令和　年　月　日

❹会社代表印を押印する

　　　　株式会社パワーコンテンツジャパン臨時株主総会

　　　　議長　代表取締役　　横須賀輝尚

　　　　　　取締役　　佐藤良基

❺個人実印を押印する

就任承諾書

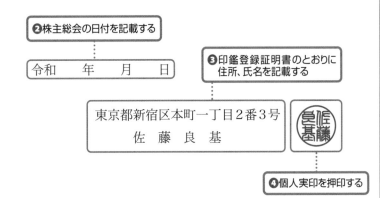

就　任　承　諾　書

❶株主総会の日付を記載する

　私は、令和　　年　　月　　日開催の貴社臨時株主総会において、貴社の取締役に選任されたので、その就任を承諾します。

❷株主総会の日付を記載する

令和　　年　　月　　日

❸印鑑登録証明書のとおりに住所、氏名を記載する

東京都新宿区本町一丁目2番3号
佐　藤　良　基

❹個人実印を押印する

株式会社パワーコンテンツジャパン　御中

辞　任　届

❶株主総会の日付を記載する

　私は、今般一身上の都合により、令和　　年　　月　　日
開催の臨時株主総会の終結をもって貴社の取締役を辞任いたし
たく、お届けいたします。

❷取締役を辞任すれば自動的
　に代表取締役も退任となる

❸株主総会の日付を記載する

令和　　年　　月　　日

❹辞任する役員の住所、氏名
　を記載する

東京都渋谷区大岡山二丁目3番4号
横　須　賀　輝　尚

❺個人実印を押印する
※個人実印の場合は
　印鑑登録証明書が
　必要

株式会社パワーコンテンツジャパン　御中

06 会社の住所（本店）を移転する場合の登記

会社の住所を変更するには、法務局の管轄外へ移転する場合と、管轄内で移転する場合とでは手続きが異なります。また、登録免許税も変わりますので、会社の住所地を選択するときは慎重に進めてください。

01　同じ法務局の管轄内で移転する

　東京23区の新宿区内で移転するような場合には、「取締役決定書」を作成します。「取締役決定書」ではなく、株主総会で本店移転を決議することも可能です。その場合は、「株主総会議事録」と「株主リスト」を作成します。

02　同じ法務局の管轄内だが市区町村をまたいで移転する

　例えば、埼玉県内で移転する場合や、千葉県内で移転する場合などは、同じ法務局の管轄内の移転ですが、定款変更が必要になります。作成する書類は「株主総会議事録」「株主リスト」となります。

03　法務局の管轄外に移転する

　新宿区から渋谷区へ移転するような場合には、定款変更が必要になりますので、「株主総会議事録」「株主リスト」が必要な点は、前項**02**と同様です。また、法務局が変更になるため、新たに「印鑑届書」を提出する必要がある点に注意してください。印鑑カードも法務局が変わると失効してしまうので、登記完了後に再発行をします。移転後は、役所への各種届出がまた必要になります。

point

☑ 本店移転はパターンが多いので注意しよう
☑ 移転後の手続きも必要になるので注意しよう

取締役決定書

❶移転の時期とあわせて記載する

令和　年　月　日午前10時00分 当会社本店において、取締役全員の一致をもって、次の事項につき可決確定した。

1　本店移転の件

　　移転先の本店の所在場所

　　　東京都新宿区大崎一丁目2番3号 ……❷移転後の本店所在地を記載する

　　移転の時期

　　　令和　年　月　日 …………………❸実際に移転した日を記載する

　上記の決定を明確にするために、この決定書を作成し、出席取締役の全員がこれに記名押印する。

　　令和　年　月　日

　　　　　株式会社パワーコンテンツジャパン

　　　　　代表取締役　　横須賀輝尚　

❹会社代表者印を押印する

臨時株主総会議事録（株主総会議事録）

❶株主総会の日時を記載する

臨時株主総会議事録

令和　年　月　日午前10時から、当会社本店において、臨時株主総会を開催した。当日の出席株主数並びに株式数は下記のとおり。

株主の総数	1名
発行済株式の総数	100株
議決権を行使できる株主の数	1名
議決権を行使することができる株主の議決権の数	100個
出席株主数（委任状による者を含む）	1名
出席株主の議決権の数	100個

出席取締役　　　　　代表取締役　横須賀輝尚
議　　　長　　　　　代表取締役　横須賀輝尚
議事録作成取締役　　代表取締役　横須賀輝尚

　以上のとおり株主が出席したので、決議に必要な定足数を満たし、本臨時株主総会は適法に成立した。よって、定款の定めにより取締役横須賀輝尚は議長席に着き、開会を宣し、直ちに議事に入った。

　　　　　議　　案　定款一部変更の件
　議長は、業務の都合上、定款第3条を次のとおり変更したい旨を述べ、その賛否を議場に諮ったところ、満場一致をもってこれを承認可決した。また、移転先の本店の所在場所及び移転の時期については下記のとおりとすることについて承認可決した。
　　（本店）

❷最小行政区画まで記載する

第3条　当会社は、本店を東京都品川区に置く。
移転先の本店の所在場所
　東京都品川区上原一丁目2番3号

❸移転先の本店所在地を記載する

移転の時期
　令和　年　月　日

❹実際に移転する日を記載する

　議長は、以上をもって本日の議事を終了した旨を述べ、午前10時30分閉会した。
　上記決議を明確にするため、本議事録を作成し、議事録作成者が次に記名押印する。

❺会社代表者印を押印する

　令和　年　月　日

　　　　株式会社パワーコンテンツジャパン臨時株主総会

　　　　　議事録作成者　代表取締役　横須賀輝尚

❶移転先の管轄の法務局を記載する

印鑑（改印）届書

❷移転後の本店所在地を記載する

※ 太枠の中に書いてください。

東京法務局　　　品川　支局 ⟨出張所⟩　　令和　年　月　日　届出

(注1)（届出印は鮮明に押印してください。）	商号・名称	株式会社　パワーコンテンツジャパン
	本店・主たる事務所	東京都品川区上原一丁目2番3号

❸会社代表者印を押印する

	印鑑提出者	資格	⟨代表取締役⟩・取締役・代表理事　理事・（　　　）
		氏名	横須賀　輝尚
		生年月日	大・⟨昭⟩・平・西暦　54 年 7 月 4 日生

☐ 印鑑カードは引き継がない。
☐ 印鑑カードを引き継ぐ。

(注2)

会社法人等番号	

印鑑カード番号

前任者

届出人（注3）　☑ 印鑑提出者本人　　☐ 代理人

（注3）の印
（市区町村に登録した印）
※ 代理人は押印不要

住所	東京都渋谷区大岡山二丁目3番4号
フリガナ	ヨコスカ　テルヒサ
氏名	横須賀　輝尚

委　任　状

❹押印は不要

私は、（住所）

（氏名）

を代理人と定め、☐ 印鑑（改印）の届出、☐ 添付書面の原本還付請求及び受領
の権限を委任します。

　　　年　月　日

住所

氏名　　　　　　　　　　　　　　　　　　　　印　⟨市区町村に登録した印鑑⟩

☐　市区町村長作成の印鑑証明書は、登記申請書に添付のものを援用する。（注4）

(注1)印鑑の大きさは、辺の長さが1cmを超え、3cm以内の正方形の中に収まるものでなければなりません。
(注2)印鑑カードを前任者から引き継ぐことができます。該当する☐に✓印をつけ、カードを引き継いだ場合には、その印鑑カードの番号・前任者の氏名を記載してください。
(注3)本人が届け出るときは、本人の住所・氏名を記載し、市区町村に登録済みの印鑑を押印してください。代理人が届け出るときは、代理人の住所・氏名を記載（押印不要）し、委任状に所要事項を記載し（該当する☐には✓印をつける）、本人が市区町村に登録済みの印鑑を押印してください。なお、本人の住所・氏名が登記簿上の代表者の住所・氏名と一致しない場合には、代表者の住所又は氏名の変更の登記をする必要があります。
(注4)この届書には作成後3カ月以内の本人の印鑑証明書を添付してください。登記申請書に添付した印鑑証明書を援用する場合(登記の申請と同時に印鑑を届け出た場合に限る。)は、☐に✓印をつけてください。

印鑑処理年月日					
印鑑処理番号	受付	調査	入力	校合

（乙号・8）

07 代表取締役の住所を変更する場合の登記

代表取締役の住所変更については、添付書類は不要です。しかし、間違った住所で登記がされてしまわないように、住民票に記載されているとおりの住所と移転日を登記するように注意しましょう。

01 引っ越しをしたら登記手続きが必要になる

　　代表取締役の自宅の引っ越しなど、個人の住所が変更になった場合には、代表取締役の住所変更手続きが必要になります。自宅が賃貸の方で、更新の度に引っ越しをするという方も少なくありません。ただし、会社を経営している（代表取締役）場合は、引っ越しの度に住所変更登記が必要になります。また、会社を設立した際に、自宅兼本店にする方もいます。その場合は、本店移転と一緒に代表取締役の住所変更も必要になりますので、注意してください。

02 添付書類は不要

　　代表取締役の住所変更登記に添付書類は不要です。法律上、住民票の写しの添付は要求されていません。しかし、登記される代表取締役の住所と住民票の住所に齟齬があると、どのような問題が起きるかわかりません。住民票に記載のとおりの住所と移転日を登記しましょう。ちなみに、市町村合併などで住所表記が変更になった場合は非課税で登記が可能ですので、お住まいの市区町村役場で非課税証明書を取得してください。登記後の修正は可能ですが、更正登記をすると履歴が残り、2万円の登録免許税も余計にかかります。

> ### point
> ☑ 代表取締役の住所変更登記は添付書類が不要
> ☑ 住民票に記載されているとおりに住所と移転日を登記しよう

株式会社変更登記申請書

❶会社名、本店所在地を記載し、登記の事由として「代表取締役の住所変更」を記載する

株式会社変更登記申請書

フ　リ　ガ　ナ　　　パワーコンテンツジャパン

1. 商　　　　　号　　株式会社パワーコンテンツジャパン
1. 本　　　　　店　　東京都新宿区上原一丁目2番3号
1. 登 記 の 事 由　　代表取締役の住所変更

1. 登記すべき事項　　別添CD-Rのとおり

❷登記すべき事項を記載する

1. 登 録 免 許 税　　金1万円

❸登録免許税額を記載する

1. 添 付 書 類　　　なし

❹添付書類の有無を記載する

上記のとおり登記の申請をします。

　　　令和6年4月3日

　　　　　東京都新宿区上原一丁目2番3号
　　　　　　申　請　人　株式会社パワーコンテンツジャパン
　　　　　東京都豊島区大崎一丁目2番3号
　　　　　　代表取締役　　横須賀輝尚

東京法務局新宿出張所 御中

❺変更後の住所、会社名、代表取締役の氏名を記載して、会社代表者印を押印する

08 株式会社を解散・清算する場合の登記

株式会社を設立しても、誰もがうまくいくというわけではありません。ときには、勇気ある撤退を考える必要もあります。最悪の場合を想定しておくことも、経営においては重要な考えです。ここでは、株式会社の解散と清算について見ていきましょう。

01 株主総会の決議による解散が一般的

　解散にもさまざまな種類があります。一般的な解散は株主総会の決議による解散になりますが、定款で会社の存続期間を定めている場合もあります。いわゆる期間限定で設立した株式会社の場合です。この場合は、その期間が到来することによって解散することになります。会社が破産したときも解散することはいうまでもありません。いわゆる、M&Aでどこかの会社に吸収合併される場合も解散になります。

02 解散する場合、債権者保護手続きが必要

　解散の場合、「債権者保護手続き」が必要になります。債権者保護手続きは、原則として「官報」による公告と、知れたる債権者への個別の通知催告になります。減資などの手続きは、公告方法を電子公告など「官報」以外の公告方法として登記している場合、官報と登記している公告方法を行うと、個別の債権者への通知催告を省略することができますが、解散の場合はできないので注意してください。

　公告する期間は最低でも、丸々2カ月を取る必要があります。債権者への個別催告についても、債権者に通知が到着してから丸々2カ月を取る必要があるため、注意して進めるようにしてください。

　解散の場合は、最終的に会社を閉める清算結了までの間に、最低丸々2カ月の期間を置く必要があります。会社を畳みたいからといって、すぐには畳めないことを理解しておいてください。

03　清算中は制限が多い

　解散の登記をすると清算中の会社になります。解散の登記と同時に清算人の登記も行います。いわば、清算中の会社の代表者です。

　清算中の会社は前項 **02** の債権者保護手続きなど、清算に必要な範囲内でしか会社としての行為を行うことができません。当然、事業を行い、売上を立てるということはできなくなります。新たに社員を加入させることもできませんし、資本金の額を減少させるといった行為もできなくなります。清算に向けた行為しかできません。売上が立っている場合は、慌てて解散の登記をしないように注意が必要です。

04　清算手続きが終わったら清算結了の登記へ

　債権者に対する返済や、株主に対する会社に残った財産の分配がすべて終わったら、清算結了の登記へと進みます。清算結了をするためには財産の清算をするだけではなく、適切に清算手続きが行われたかどうかの株主の承認が必要になります。

　株主が承認しない限り、清算結了の手続きはできませんので、強引に清算の手続きを進めることは極力避けるべきでしょう。「すべて清算した」といえるためには、プラスの財産も、マイナスの負債もすべてゼロにする必要があります。

　会社名義で購入したものがあれば誰かに譲渡し、会社名義で借りた借金があればすべて返済する必要があります。万が一、清算がすべて行われていないにもかかわらず、「会社の登記がなくなればいいや」と嘘の書類を法務局に提出して、清算結了の登記が完了し、登記が閉鎖されたとしても、実態として清算が完了していない以上、清算結了登記の効力は無効になるので注意してください。

---

point

☑ 解散する場合には複雑な手続きが必要になる
☑ 清算までの手続きは税理士に依頼するのが無難

臨時株主総会議事録（解散用）

❶株主総会の日時を
記載する

臨時株主総会議事録

令和　年　月　日午前10時 から、当会社本店において、臨時株主総会を開催した。
当日の出席株主数並びに株式数は下記のとおり。

株主の総数	1名
発行済株式の総数	100株
議決権を行使できる株主の数	1名
議決権を行使することができる株主の議決権の数	100個
出席株主数（委任状による者を含む）	1名
出席株主の議決権の数	100個

出席取締役　　　　　代表取締役　　横須賀輝尚
議　　　長　　　　　代表取締役　　横須賀輝尚
議事録作成取締役　　代表取締役　　横須賀輝尚

　以上のとおり株主が出席したので、決議に必要な定足数を満たし、本臨時株主総会
は適法に成立した。よって、定款の定めにより取締役横須賀輝尚は議長席に着き、開
会を宣し、直ちに議事に入った。

　　　　第1号議案　当会社解散の件
　議長は、解散のやむを得ざるに至った事情を詳細に説明し、賛否を求めたところ、
本日 をもって解散することを全員異議なく承認した。

❷株主総会日＝解散日
となるので注意

　　　　第2号議案　解散に伴う清算人選任の件
　議長は、解散に伴い清算人を選任したい旨を述べ、その選任方法を諮ったところ、
出席株主の中より議長の指名に一任したい旨の発言があり、その賛否を諮ったところ
一同これに賛成した。
　議長は、次の者を指名し、その承認を求めたところ、満場一致をもってこれを承認
した。よって、議長は、次のとおり選任することに可決された旨を宣した。なお、被
選任者は席上その就任を承諾した。

東京都渋谷区大岡山二丁目3番4号
　　　清算人　　横須賀輝尚

❸清算人の住所、氏名を印鑑登録証明書
のとおりに記載する

　議長は、以上をもって本日の議事を終了した旨を述べ、午前10時30分閉会した。
　上記決議を明確にするため、本議事録を作成し、議事録作成者が次に記名押印する。

　　令和　年　月　日

❹会社代表者印を押印する

　　　　株式会社パワーコンテンツジャパン臨時株主総会

　　　　　　議事録作成者　　代表取締役　横 須 賀 輝 尚

❶株主総会の日時を
記載する

臨時株主総会議事録

令和　年　月　日午前10時 から、当会社本店において清算事務決算報告書の承認に関する臨時株主総会を開催した。

当日の出席株主数並びに株式数は下記のとおり。

株主の総数	1名
発行済株式の総数	100株
議決権を行使できる株主の数	1名
議決権を行使することができる株主の議決権の数	100個
出席株主数（委任状による者を含む）	1名
出席株主の議決権の数	100個

出席清算人　　　　代表清算人　横須賀輝尚
議　　　長　　　　代表清算人　横須賀輝尚
議事録作成清算人　代表清算人　横須賀輝尚

❷肩書は代表取締役ではなく
代表清算人と記載する

　議長は、開会を宣言し、上記のとおり定足数にたる株主の出席があったので、本総会は適法に成立した旨を述べ、議案の審議に入った。

　　　議　　案　清算事務決算報告書承認の件
　代表清算人横須賀輝尚は、当会社の清算結了に至るまでの経過を詳細に報告し、別紙清算事務決算報告書を朗読し、その承認を求めたところ、満場異議なくこれを承認した。

　議長は、以上をもって本日の議事を終了した旨を述べ、午前10時30分閉会した。
　上記決議を明確にするため、本議事録を作成し、議事録作成者が次に記名押印する。

令和　年　月　日 ……❸株主総会の日付を記載する

❹会社代表者印を押印する

　　　　株式会社パワーコンテンツジャパン臨時株主総会

　　　　　　議事録作成者　代表清算人　横須賀輝尚

清算事務決算報告書

清算事務決算報告書

❶債務の弁済や経費の支払いがあれば その金額を記載する

1. 当会社の清算は、次のとおり結了したことを承認する。

1. 債務の弁済及び清算に係る費用の支払いによる費用の額は、金〇円である。

❷解散日を記載する　**❸清算日を記載する**

1. 令和　年　月　日より令和　年　月　日までの期間内に取り立てた債権の総額は、金〇円である。

1. 現在の残余財産額は、金〇円である。

1. 普通株式〇〇株に対して総額　金〇〇円（ただし、1株につき金〇〇円の割合）

❹株主に分配する場合は 記載する。ない場合は 削除していい

以上のとおり清算を結了したことを報告する。

令和　年　月　日‥‥‥**❺清算日を記載する**

　　　　　東京都新宿区上原一丁目2番3号
　　　　　株式会社パワーコンテンツジャパン
　　　　　　　代表清算人　　横須賀輝尚

❻会社代表者印を 押印する

索　引

■著者紹介

横須賀 輝尚(よこすか・てるひさ)

1979年、埼玉県行田市生まれ。パワーコンテンツジャパン株式会社代表取締役。特定行政書士。
専修大学法学部在学中に行政書士資格に合格。2003年、23歳で行政書士事務所を開設し、独立。2007年に士業向けの経営スクール『経営天才塾』(現：LEGAL BACKS)をスタートさせ、創設以来、全国のべ2,000人以上が参加。士業向けスクールとして事実上日本一の規模となる。
著書は20冊以上。代表作に『会社を救うプロ士業 会社を潰すダメ士業』(さくら舎)、共著に『合同会社(LLC)設立＆運営 完全ガイド』(技術評論社)などがある。

佐藤 良基(さとう・りょうき)

佐藤良基司法書士事務所・行政書士事務所クロスドミナンス代表。株式会社先生起業研究所代表取締役。
1981年、宮城県栗原市生まれ。同志社大学経済学部卒業。2010年、独立開業。
会社設立登記、定款変更等の法人向け登記サービスに特化。現在までに設立した会社数は750社を超え、上場企業の登記なども手がける。過去には持ち前のリサーチ力とプレゼン力を活かし「パネルクイズ アタック25」に出場し、優勝。司法書士の枠にとらわれない活動を展開している。

佐藤良基司法書士事務所　http://legal-navi.com/

カバーデザイン■小島トシノブ(NONdesign)
カバーイラスト■はしゃ
本文デザイン+レイアウト■矢野のり子+島津デザイン事務所
本文イラスト■中山成子

▼お問い合わせについて
本書は情報の提供のみを目的としています。本書の運用は、お客様ご自身の責任と判断によって行ってください。本書の運用によっていかなる損害が生じても、技術評論社及び筆者は一切の責任を負いかねます。
本書の内容に関するご質問は、弊社Webサイトのお問い合わせフォームからお送りください。そのほか封書もしくはFAXでもお受けしております。
本書の内容を超えるものや、個別のコンサルティングに類するご質問にはお答えすることができません。あらかじめご了承ください。

〒162-0846
東京都新宿区市谷左内町21-13
(株)技術評論社　書籍編集部
『株式会社の設立と運営が
　　1冊でわかる本』質問係
Web…https://gihyo.jp/book/2024/978-4-297-13953-7
FAX…03-3513-6183
なお、訂正情報が確認された場合には、https://gihyo.jp/book/2024/978-4-297-13953-7/support に掲載します。

株式会社の設立と運営が1冊でわかる本

2024年2月24日　初版　第1刷発行

著　者　　横須賀 輝尚　　佐藤 良基
発行者　　片岡 巖
発行所　　株式会社技術評論社
　　　　　東京都新宿区市谷左内町21-13
　　　　　電話　03-3513-6150　販売促進部
　　　　　　　　03-3513-6166　書籍編集部
印刷/製本　日経印刷株式会社

定価はカバーに表示してあります。

造本には細心の注意を払っておりますが、万一、乱丁(ページの乱れ)や落丁(ページの抜け)がございましたら、小社販売促進部までお送りください。送料小社負担にてお取り替えいたします。

ISBN978-4-297-13953-7 C0034
Printed in Japan

自分で合同会社をつくりたい人へ！

合同会社（LLC）設立&運営 完全ガイド

横須賀輝尚　佐藤良基·著

A5判／256頁／定価1,848円

「個人事業から法人成りしたい」「起業したい」
「会社を使って節税したい」──
そんなニーズにピッタリはまる合同会社。
自分で合同会社をつくりたい方を、2人の法律家が強力サポート。